インサイダー取引規制・フェアディスクロージャールール入門

横浜国立大学教授・岩田合同法律事務所客員弁護士
芳賀　良
東京大学客員教授・岩田合同法律事務所執行パートナー弁護士
田路　至弘

［著］

一般社団法人 **金融財政事情研究会**

は じ め に

　本書は、法律の専門家ではない法務担当者や有価証券の取扱いを仕事とされている方々に読んでいただくことを念頭に置いています。一般の会社の法務担当者や証券会社の社員の皆さんにとっても、金融商品取引法（以下、「金商法」とします）、とりわけインサイダー取引規制は、非常に複雑でわかりにくいと思われます。

　そこで本書は、この扱いにくいインサイダー取引に絞って、金商法をほとんど学習したことがない方々でも、本書をひもとけば、実務で問題とされるケースが、はたしてインサイダー取引に該当するか否かのおおよその判断ができることを第一の目標に置きました。一から勉強しなくても、何をしてはいけないのか、何が違法なインサイダー取引に当たるのかどうかの判断ができるようになることが実務担当者にとっては重要だからです。

　第二の目標を、インサイダー取引規制全般について勉強しようとする方々に、わかりやすく規制の全体像を提供しようということに置いています。

　こうした一見背反する2つの目標を達成しようとする実務書籍は類をみないものであると著者たちは考えていますが、それが成功しているかどうかは読者諸氏からのご批判を仰ぎたいと思っています。

　本書がインサイダー取引規制に携わる皆さんのお役に立つことができれば誠に幸甚です。

本書の構成

　インサイダー取引規制とは、端的にいって、規制の対象となる有価証券についての重要事実を、会社関係者が知った場合、その事実が公表される前に、その有価証券を取引してはならないということです。
　したがって、違法なインサイダー取引になるか否かは、
① 対象の 有価証券 とは何か
② 重要事実 とは何か
③ 会社関係者 とはだれか
④ どのような行為 が禁止されるのか
⑤ 公表 とは、どういう場合になされたといえるのか
以上、5点について確認できれば、判断できるということになります【図1】。

　有価証券とは、基本的には上場されている株式等の有価証券のことをいうので、それほどむずかしいことではありません【図2】。したがって、本文では、まず何が重要事実なのかということについて説明した後、他の事項を説明することとします。

【図1】　インサイダー取引のイメージ

【図2】 有価証券

インサイダー取引を行った場合の制裁とは何か

　インサイダー取引が行われた場合、いろいろなかたちを想定して、さまざまな罰則や課徴金が定められています。ここでは、役員等が、インサイダー取引を行った場合や事実の伝達・取引推奨を行った場合を中心に説明しましょう。

⑴　どのような罰則が科されるのか

　①インサイダー取引を行った場合の罰則と②事実の伝達や取引推奨を行った場合の罰則とは異なります。

　まず、①インサイダー取引を行った場合です。会社関係者・情報受領者（および公開買付者等関係者・情報受領者）が、法定のインサイダー取引を行った場合には、5年以下の懲役もしくは500万円以下の罰金に処され、またはこれを併科されます（197条の2第13号。以下、（　）内に法律名なしは金商法を指すものとします）。そして、インサイダー取引により得られた財産は、没収されます（198条の2第1項）。また、財産を没収すべき場合において、これを没収することができないときは、その価額を犯人から追徴することが可能です（同条2項）。追徴とは、財産と同額の金銭の支払をさせることを意味します。

　次に、②事実の伝達や取引推奨を行った場合です。業務等に関する重要事実・公開買付け等事実の伝達行為を行った場合や、取引推奨を行った場合にも刑事罰が科されることがあります。事実の伝達行為がなされ、かつ、当該

伝達を受けた者が公表前にインサイダー取引をした場合や、取引推奨がなされ、かつ、売買等をすることを勧められた者が公表前にインサイダー取引をした場合には、事実の伝達や取引推奨を行った者は、5年以下の懲役もしくは500万円以下の罰金に処され、またはこれを併科されることになります（197条の2第14号・15号）。

(2) どのような課徴金が課されるのか

　課徴金の制度的な位置づけは、ある行為がインサイダー取引に該当するものの、当該違反行為の態様に鑑み、刑事罰を科すほどの害悪性がないと判断された場合には、課徴金納付命令が発せられることになります。つまり、罰則のように裁判手続によって厳格な立証がなされた後に課するのではなく、課徴金は、機動的に賦課されることができるのです。

　役員等に課徴金を賦課するためには、役員等が「自己の計算において」インサイダー取引を行うことが必要です。①自己の計算において、売付けによるインサイダー取引の場合、課徴金額は、売付け等の価格と重要事実等の公表後2週間の最安値の差額を基準として算出します（175条1項・2項）。また、②自己の計算において、買付けによるインサイダー取引の場合、課徴金額は、買付け等の価格と重要事実等の公表後2週間の最高値の差額を基準として算出します（同条1項・2項）。

凡　例

◎本文中で条文を引用する場合には、法令名の略称（以下を参照）を付して、条数を示しています。
◎カッコのなかで条文を引用する場合には、金融商品取引法については、原則として、（法令名を付さずに）条数のみを示しています。他の法令については、法令名の略称（以下を参照）を付して、条数を示しています。

会社法＝会社法（略称は使用していません）

　　会社法は、会社の設立、組織、運営および管理について定める法律です。本書でインサイダー取引の対象として想定する株式を発行する株式会社も、この法律によって運営されています。

　　取締役会と監査役（監査役会）が設置された株式会社では、原則として、取締役会が業務執行の決定を行うことや、株式会社の代表取締役がその株式会社を対外的に代表して行為を行うことなども定められています。

金商法＝金融商品取引法

　　金融商品取引法（金商法）は、①企業内容等の開示の制度を整備するとともに、金融商品取引業を行う者に関し必要な事項を定め、金融商品取引所の適切な運営を確保すること等により、②有価証券の発行および金融商品等の取引等を公正にし、有価証券の流通を円滑にするほか、資本市場の機能の十全な発揮による金融商品等の公正な価格形成等を図り、③国民経済の健全な発展および投資者の保護に資することを目的とする法律です。

　　具体例として、インサイダー取引の場合を考えてみましょう。①**企業内容等の開示の制度を整備**して、重要な事実を適時に開示していけば、インサイダー取引が発生する時間帯は縮小します。また、インサイダー取引が行われないように、**金融商品取引業を行う者に関し必要な事項を定め、金融商品取引所の適切な運営を確保**することも必要です。インサイダー取引を規制することにより、②**有価証券の発行および金融商品等の取引等が公正**になり、**有価証券の流通も円滑**になります。これらのことを通じて、**資本市場の機能の十全な発揮による金融商品等の公正な価格形成等**を確保することができます。③上記①と②によって、**国民経済の健全な発展および投資者の保護**という目的を達成することができます。

　　ところで、金融商品取引法は制度の大枠を定め、金融商品取引法施行令や各内

閣府令に具体的な内容を定めることを委任しています。たとえば、本文中で触れる「業務等に関する重要事実」の一部には、「投資者の投資判断に及ぼす影響が軽微なものとして内閣府令で定める基準に該当するものを除く。」と規定されています（166条2項）。「投資者の投資判断に及ぼす影響が軽微なもの」は、金融商品取引法では規定せず、その具体的な内容である「基準」は内閣府令で定めているのです。

施行令＝金融商品取引法施行令

　金融商品取引法施行令（施行令）は、金融商品取引法が、金融商品取引法施行令で定めることを委任した事項を規定しています。たとえば、上場会社等の業務執行を決定する機関の決定に係る重要事実の1つとして、金融商品取引法166条2項1号ヨは、「業務上の提携その他のイからカまでに掲げる事項に準ずる事項として政令で定める事項」と定めています。これを受けた金融商品取引法施行令28条が「政令で定める事項」を規定しています。

　また、金融商品取引法から委任された事項に関連して、金融商品取引法施行令が内閣府令に詳細を定めることを委任することもあります。たとえば、インサイダー取引規制を解除する業務等に関する重要事実の「公表」の1方法として、金融商品取引法166条4項は「多数の者の知り得る状態に置く措置として政令で定める措置がとられたこと」を定めています。これを受けて、金融商品取引法施行令30条は、公表方法を定めています。金融商品取引法施行令30条1項2号は、重要事実などの通知を受けた金融商品取引所が公衆縦覧をする方法について、「内閣府令で定めるところにより、当該金融商品取引所において日本語で公衆の縦覧に供されたこと」と定めています。これを受けて、有価証券の取引等の規制に関する内閣府令（取引規制府令）56条が、公衆縦覧の方法の詳細を定めています。この具体例として、東京証券取引所の場合、TDnet（Timely Disclosure network）を利用した開示資料の適時開示情報閲覧サービスへの掲載があります。

投信法＝投資信託及び投資法人に関する法律

　投資信託及び投資法人に関する法律（投信法）は、①投資信託または投資法人を用いて投資者以外の者が投資者の資金を主として有価証券等に対する投資として集合して運用し、その成果を投資者に分配する制度を確立し、これらを用いた資金の運用が適正に行われることを確保するとともに、この制度に基づいて発行される各種の証券の購入者等の保護を図ることにより、②投資者による有価証券

等に対する投資を容易にし、③国民経済の健全な発展に資することを目的とする法律です。

投資信託とは、多数の投資者から集めた投資資金を専門家によって合同運用し、その運用利益を、出資した投資者に分配するシステムです。また、投資法人とは、投資者が投資法人の構成員となるために投資法人に出資された資金を専門家によって合同運用し、その運用利益を、投資法人（の持分）を通じて、出資した投資者に分配するシステムです。

投資信託及び投資法人に関する法律は、国民経済の健全な発展に資することを目的として、上記のような小口の投資資金を結集して合同運用するシステムを確立し、その運用が適正に行われることを確保して、各種の証券の購入者等の保護を図ることによって、投資者による有価証券等に対する投資を容易にしようとする法律です。

課徴金府令＝金融商品取引法第6章の2の規定による課徴金に関する内閣府令

金融商品取引法（金商法）第6章の2は、「課徴金」について定めている章です。課徴金は、法令違反行為に賦課される行政上の措置です。金融商品取引法第6章の2の規定による課徴金に関する内閣府令（課徴金府令）は、金融商品取引法や金融商品取引法施行令（施行令）の委任を受けて、課徴金やその手続などに関する委任事項を定めています。課徴金額の算定などで関係する内閣府令です。

業府令＝金融商品取引業等に関する内閣府令

金融商品取引業等に関する内閣府令（業府令）は、金融商品取引法（金商法）や金融商品取引法施行令（施行令）の委任を受けて、金融商品取引業者等、金融商品仲介業者、信用格付業者に関する委任事項を定めています。本書との関係では、インサイダー取引に関連する行為を禁止する金融商品取引業等に関する内閣府令117条1項が重要です。

他社株買付府令＝発行者以外の者による株券等の公開買付けの開示に関する内閣府令

発行者以外の者による株券等の公開買付けの開示に関する内閣府令（他社株買付府令）は、金融商品取引法（金商法）や金融商品取引法施行令（施行令）の委任を受けて、発行者以外の者による株券等を対象とする公開買付けに関す

る委任事項を定めています。本書では、公開買付けの定義などで関係する内閣府令です。

取引規制府令＝有価証券の取引等の規制に関する内閣府令

　有価証券の取引等の規制に関する内閣府令（取引規制府令）第7章は、金融商品取引法（金商法）や金融商品取引法施行令（施行令）の委任を受けて、「重要事実を知った会社関係者等又は公開買付け等事実を知った公開買付者等関係者が行う売買等」に関する委任事項を定めています。

刑集＝最高裁判所刑事判例集

　最高裁判所の刑事に関する公式判例集です。裁判所のウエブサイトで判例を検索する際にも、「刑集」の巻・号・頁の数値がわかっていると目的の判例を迅速に検索することができます。

目　次

第1章　重要事実

1　はじめに──「重要事実とは何か」……………………………… 3
　(1)　重要事実とは、投資者の投資判断に著しい影響を及ぼす事実です ……………………………………………………………… 3
　(2)　重要事実は、4つの種類に分けられます ……………………… 4
　(3)　重要事実は、事実の対象によって3つに分けることもできます …… 4
　(4)　軽微な事実は、重要事実から除外されます ………………… 5
2　上場会社等では、どのような事実が重要事実となるのか ……… 6
　(1)　決定事実 …………………………………………………………… 6
　(2)　発生事実 …………………………………………………………… 25
　(3)　決算情報の修正事実 …………………………………………… 29
　(4)　上場会社等に係る投資者の投資判断に著しい影響を及ぼす事実 …… 33
3　上場会社等の子会社における重要事実とは何か ………………… 34
　(1)　上場会社等の子会社における重要事実の特徴 ……………… 34
　(2)　上場会社等の子会社における決定事実 ……………………… 35
　(3)　上場会社等の子会社における発生事実 ……………………… 36
　(4)　上場会社等の子会社における決算情報の修正事実 ………… 37
　(5)　上場会社等の子会社に係る投資者の投資判断に著しい影響を及ぼす事実 …………………………………………………………… 38
4　上場投資法人等における重要事実とは何か ……………………… 38
　(1)　上場投資法人等における重要事実の特徴 …………………… 38
　(2)　上場投資法人等の決定事実とは何か ………………………… 40
　(3)　上場投資法人等における発生事実 …………………………… 41
　(4)　上場投資法人等における決算情報の修正事実 ……………… 42

(5) 上場投資法人等に係る投資者の投資判断に著しい影響を及ぼす
　　　事実……………………………………………………………………… 43
5　上場投資法人等の資産運用会社を対象とする重要事実とは何か …… 43
　(1) 上場投資法人等の資産運用会社を対象とする重要事実の特徴…… 43
　(2) 資産運用会社の決定事実…………………………………………… 44
　(3) 資産運用会社の発生事実…………………………………………… 46

第2章　内部者

1　内部者（インサイダー）は、2つの種類に分けられます ……………… 51
2　未公表の重要事実を利用していなくても、インサイダー取引にな
　　ります ……………………………………………………………………… 52
　(1) 「知つた」という要件と「利用した」という要件の違い…………… 52
　(2) 「知つた」という要件について …………………………………… 53
　(3) 軽微基準・重要基準の認識は程度問題です……………………… 54
3　会社関係者は、6つの種類に分けられます …………………………… 55
　(1) 当該上場会社等の役員等は内部者となります…………………… 55
　(2) 株主等は会計帳簿閲覧謄写請求権を行使して重要事実を知ると
　　　内部者になります………………………………………………… 57
　(3) 法令上の権限を有する者は法令上の権限を行使して重要事実を
　　　知ると内部者になります………………………………………… 58
　(4) 契約締結者等は契約の締結等に関して重要事実を知ると内部者
　　　になります………………………………………………………… 59
　(5) 株主等や契約締結者が法人であれば、その法人の役員等も内部
　　　者になります……………………………………………………… 60
　(6) 元会社関係者とは、会社関係者でなくなってから1年以内の者
　　　をいいます………………………………………………………… 61

4 情報受領者とは、会社関係者から業務等に関する重要事実の伝達を受けた者です……………………………………………… 61
　(1) 伝達は、伝達の相手方に重要事実を認識させることです………… 62
　(2) 伝達される対象は法が定めた「未公表の重要事実」です………… 62
　(3) 「伝達を受けた」とは、伝達の相手方が伝達された未公表の重要事実を認識している場合です………………………………………… 63

第3章　禁止行為

1 禁止行為は、3つの種類に分けられます…………………………… 67
2 特定有価証券等の売買等の禁止は、3つの種類に分けられます…… 67
　(1) 「特定有価証券等」とは、「特定有価証券」と「関連有価証券」です……………………………………………………………………… 67
　(2) 売買等は、3つの種類に分けられます………………………………… 70
3 情報伝達行為や取引推奨行為も禁止されます…………………… 74
　(1) 情報伝達行為とは、重要事実の内容を他人に伝える行為です…… 75
　(2) 取引推奨行為とは、特定有価証券等に係る売買等を勧める行為です……………………………………………………………………… 75
　(3) 禁止される情報伝達行為等には、利益目的等が必要です………… 75

第4章　公　　表

1 公表があれば、インサイダー取引の規制が解除されます………… 79
2 公表の主体は、4種類に分けられます……………………………… 80
3 公表方法は、2つの種類に分けられます…………………………… 81
　(1) 多数の者の知りうる状態に置く措置として政令で定める措置…… 81

⑵ 法定開示書類による公衆縦覧 …………………………………… 84

第5章　適用除外

1　適用除外とは、インサイダー取引を禁止する規定が適用されない
　　ものです ……………………………………………………………… 87
2　適用除外は、14種類に分けられます ………………………………… 87
　⑴　株式の割当てを受ける権利等を行使する場合 …………………… 88
　⑵　新株予約権等を行使する場合 ……………………………………… 88
　⑶　オプションを行使する場合 ………………………………………… 89
　⑷　株式買取請求権等に基づき売買等をする場合 …………………… 90
　⑸　「防戦買い」をする場合 …………………………………………… 92
　⑹　自己の株式等の取得をする場合 …………………………………… 93
　⑺　安定操作取引として売買等をする場合 …………………………… 94
　⑻　普通社債券等の売買等をする場合 ………………………………… 95
　⑼　「クロクロ取引」による売買等をする場合 ……………………… 95
　⑽　合併等により特定有価証券等を承継させ、または承継する場合 …… 96
　⑾　重要事実を知る前に合併等の契約をする場合 …………………… 97
　⑿　新設分割をする場合 ………………………………………………… 98
　⒀　合併等の組織再編行為の対価として自己株式の交付を行う場合 …… 98
　⒁　「知る前契約」の履行として売買等をする場合や「知る前計画」
　　の実行として売買等をする場合 …………………………………… 99

第6章　公開買付けとインサイダー取引

1　総　　説 …………………………………………………………………… 103

(1) 公開買付け …………………………………………………… 103
　(2) 公開買付けの対象となる「株券等」……………………… 104
　(3) インサイダー取引規制の対象となる「上場等株券等」…… 104
　(4) 買集め行為 …………………………………………………… 105
2 公開買付けは、対象会社の株主に平等な投資判断の機会を与える制度です ……………………………………………………………… 106
　(1) 公開買付けは、「市場外」で行われるため、法的規制が必要です …………………………………………………………… 106
　(2) 投資者のために、公開買付けに関する情報を開示する必要があります ……………………………………………………… 111
3 公開買付け等事実は、公開買付け等の実施または中止に関する事実です ……………………………………………………………… 114
4 禁止行為は、2種類に分けられます ………………………… 114
5 公表があれば、インサイダー取引の規制が解除されます …… 115
　(1) 公表の主体は公開買付者等です …………………………… 115
　(2) 公表方法は、3種類に分けられます ……………………… 115
6 公開買付け等の事実に係るインサイダー取引にも適用除外があります ……………………………………………………………… 116

第7章　インサイダー取引に関する責任

1 総　　説 ……………………………………………………… 121
2 インサイダー取引を行った場合には、氏名等が公表されることがあります …………………………………………………………… 121
3 インサイダー取引や事実の伝達などを行った場合の罰則があります …………………………………………………………… 122
　(1) インサイダー取引を行った場合の罰則があります ……… 122

(2) 事実の伝達や取引推奨を行った場合の罰則もあります ………… 123
4 インサイダー取引や事実の伝達・取引推奨を行うと、課徴金が課されます ……………………………………………………………………… 125
 (1) インサイダー取引に関連して課徴金が賦課される違反行為の種類は、6つあります ………………………………………………… 125
 (2) 自己の計算で、業務等に関する重要事実を知って、当該事実が公表される前に、特定有価証券の売買等をした場合には、課徴金が課されます（175条1項1号・2号）………………………………… 126
 (3) 自己の計算で、公開買付け等の事実を知って、当該事実が公表される前に、株券等に係る買付け等または売付け等をした場合には、課徴金が課されます（175条2項1号・2号）………………… 128
 (4) 自己以外の計算で、業務等に関する重要事実を知って、当該事実が公表される前に、特定有価証券の売買等をした場合には、課徴金が課されます（175条1項3号）………………………………… 130
 (5) 自己以外の計算で、公開買付け等の事実を知って、当該事実が公表される前に、株券等に係る買付け等または売付け等をした場合には、課徴金が課されます（175条2項3号）………………… 131
 (6) 他人に利益を得させ、または他人の損失の発生を回避させる目的をもって、①業務等に関する重要事実を伝達した場合や②上場会社等の特定有価証券等に係る売買等をすることを勧めた場合には、課徴金が課されます（175条の2第1項）………………… 132
 (7) 他人に利益を得させ、または他人の損失の発生を回避させる目的をもって、①公開買付け等事実を伝達した場合や②公開買付けの対象会社が発行する株券等の買付け等・売付け等をすることを勧めた場合には、課徴金が課されます（175条の2第2項）………… 136

第8章　インサイダー取引規制を補完する制度

1　上場会社等の役員等は、短期売買利益を会社に返還します ………… 141
　(1)　短期売買利益返還制度の概要 ……………………………………… 141
　(2)　規制の対象となる者 ………………………………………………… 142
　(3)　対象となる行為 ……………………………………………………… 142
　(4)　返還請求 ……………………………………………………………… 143
2　金融商品取引業者等は、インサイダー取引に関連する特別の規制
　　に服します ………………………………………………………………… 144
　(1)　インサイダー取引の未然防止 ……………………………………… 144
　(2)　インサイダー取引に関連した行為の禁止 ………………………… 144

第9章　フェアディスクロージャールール

1　FDルールの全体像：FDルールの趣旨は、投資者に重要情報へ
　　の公平なアクセスを確保することです …………………………………… 149
2　FDルールの対象となるのは、「重要情報」です …………………… 150
　(1)　重要情報とは、①上場会社等の運営、業務または財産に関する
　　　②公表されていない③投資者の投資判断に重要な影響を及ぼす情
　　　報です ………………………………………………………………… 150
　(2)　重要情報には、インサイダー取引規制における重要事実が含ま
　　　れます ………………………………………………………………… 151
　(3)　重要情報には、インサイダー取引規制における重要事実以外の
　　　情報も含まれます …………………………………………………… 152
　(4)　FDルールの対象となる「重要情報」は、インサイダー取引規
　　　制の対象となる「重要事実」よりも広くなることに注意が必要で

　　　　　す ……………………………………………………………………… 153
　(5) 中長期的な企業戦略・計画等に関する経営者との議論のなかで
　　　交わされる情報、すでに公表した情報の一般的説明等や、モザイ
　　　ク情報それ自体は、重要情報に該当しません ………………………… 154
3　FD ルールによる規制を受ける行為は、重要情報の「伝達」です ……… 157
　(1)　「伝達」の意味は、法定の情報提供者が、法定の「取引関係者」
　　　に対して、重要情報を伝えることです ………………………………… 157
　(2)　伝達の主体は、3 つに分けられます …………………………………… 157
　(3)　重要情報の伝達を受ける取引関係者とは、有価証券の売買等に
　　　関与する蓋然性が高い者に限定されています ………………………… 158
　(4)　重要情報の伝達は、情報提供者の業務に関して行われている必
　　　要があります ……………………………………………………………… 159
　(5)　意図して重要情報を伝達した場合には、当該伝達と同時に、当
　　　該重要情報を公表する必要があります ………………………………… 159
　(6)　意図せず重要情報を伝達した場合には、すみやかに、当該重要
　　　情報を公表する必要があります ………………………………………… 160
　(7)　重要情報の「伝達」に該当しても、公表が不要な場合がありま
　　　す …………………………………………………………………………… 160
4　FD ルールが定める公表は、インサイダー取引規制の公表とは異
　　なります ……………………………………………………………………… 161
5　FD ルール違反の効果は、発行者である上場会社等に重要情報の
　　公表を強制することにあります …………………………………………… 162

　参考文献リスト ………………………………………………………………… 163

第1章

重要事実

1994年6月20日付日本経済新聞朝刊によれば、副作用による死者を出した抗ウイルス剤「ソリブジン」をめぐる製薬・薬品卸会社「日本商事」（大阪市）のインサイダー株取引疑惑で、同剤の販売提携先である製薬大手「エーザイ」の社員数人が、昨年秋の副作用情報の公表前に、所有する日本商事株を売却していたことが19日、明らかになった。証券取引法は重要情報を知った場合、当該企業だけでなく取引先社員らに対しても情報公表前の株売買を禁じているため、この株売却が同法に触れる可能性もある。一方、日本商事は19日、情報公表までの23日間に自社株を売却した社員らが175人にのぼることを記者会見で公表した。証券取引等監視委員会はこうした株取引の中に証取法に違反する行為がないかどうか慎重に調べている。

◆日本商事事件

　インサイダー取引の典型例といってもよい、最高裁判例ともなった重要な事件です。まず、重要事実とは、投資者の投資判断に大きな影響を与える事実をいいます。日本商事事件では、薬品の製造販売を行っている会社が問題になりました。同社が開発した新薬がよく効くということで株価が上がっていたのですが、間もなくその薬品の副作用で人が死亡したという事故があり、同社は、それを当時の厚生省に報告しました。その事実を知った役員や社員たち（まさにインサイダーです）やその事実の伝達を受けた医師が、保有していた株式を売却したのです。裁判では、重要事実が問題になりました。最高裁は、「副作用症例の発生は、……製薬業者としての信用を更に低下させて、……投資者の投資判断に著しい影響を及ぼし得る」という判断を示したのです。

1 はじめに──「重要事実とは何か」

(1) 重要事実とは、投資者の投資判断に著しい影響を及ぼす事実です

　金商法166条1項は、「上場会社等に係る業務等に関する重要事実」(以下、「重要事実」とします) が未公表の時点で、この重要事実を知って取引を行うことを禁止しています。**重要事実とは、投資者の投資判断に著しい影響を及ぼす事実です**。株式を例にとると、株価を上昇させる事実や株価を下落させる事実で、かつ、一般の投資者がその株式の売買をしようと判断する事実です。たとえば、東京証券取引所に上場する会社であるA社の株価が上昇する場合ならば、その株価を上昇させる事実で、しかも、一般の投資者がその株式を「買う」と判断する事実となります【図1－1】。

　このような投資判断に著しい影響を及ぼす事実を、金商法は細分化して規定しているのです。

【図1－1】　投資判断に著しい影響を及ぼす事実のイメージ

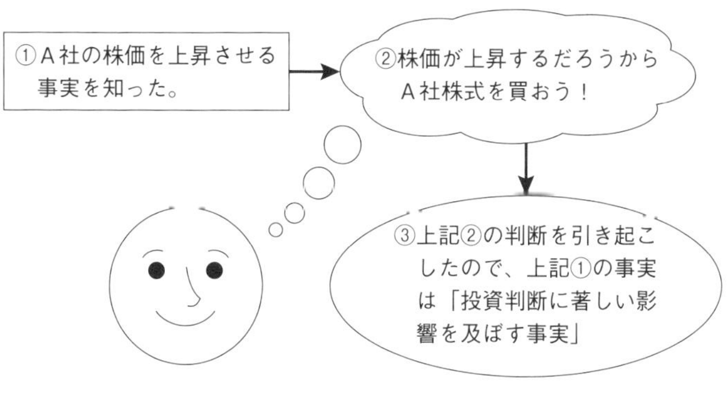

①A社の株価を上昇させる事実を知った。

②株価が上昇するだろうからA社株式を買おう！

③上記②の判断を引き起こしたので、上記①の事実は「投資判断に著しい影響を及ぼす事実」

(2) 重要事実は、4つの種類に分けられます

　金商法は、重要事実がどのように生じたのか、という視点から、重要事実を4つの種類に分けています。重要事実は、①「決定事実」、②「発生事実」、③「決算情報の修正事実」、④上記①～③以外の「投資者の投資判断に著しい影響を及ぼす事実」に分けることができます。

(3) 重要事実は、事実の対象によって3つに分けることもできます

　重要事実はどこから情報が生じたのか、という視点から分けることができます。金商法164条は、情報の発生源を、①上場投資法人等以外の上場会社等、②上場会社等の子会社、③上場投資法人等（上場投資法人等の資産運用会社も含みます。詳細は後述します）の3つに分けています。

　上記①の**上場投資法人等以外の上場会社等**の典型的な例として、東京証券取引所に上場している会社があげられます。実際に起こったインサイダー取引事件の大半が、このような上場会社の株式の取引です。このような理由から、まず、**上場投資法人等以外の上場会社等**における重要事実について説明

【図1-2】　重要事実の分類と条文の関係

	①決定事実	②発生事実	③決算情報の修正事実	④左記以外の投資判断に著しい影響を及ぼす事実
①上場会社等（上場投資法人等を除く）	166条2項1号	166条2項2号	166条2項3号	166条2項4号
②上場会社等の子会社	166条2項5号	166条2項6号	166条2項7号	166条2項8号
③上場投資法人等（資産運用会社も含む）	166条2項9号・12号	166条2項10号・13号	166条2項11号	166条2項14号

しましょう。その後に、上場会社等の子会社の重要事実と上場投資法人の重要事実を簡略に説明することにします。

金商法は、「重要事実がどのように生じたのか、という視点」と「重要事実という情報がどこから生じたのか、という視点」とを組み合わせて、重要事実を規定しています。そのため、条文が非常に読みにくいものとなっています。参考までに、これらの組合せが、どの条文に当たるのかを図１－２で示しました（はじめて学ぶ方はこの図を読み飛ばしていただいてかまいません）【図１－２】。

(4) 軽微な事実は、重要事実から除外されます

投資判断に影響を及ぼす事実のなかには、株価への影響が少ない事実も含まれています。そこで、金商法166条２項本文のカッコ書は、「投資者の投資判断に及ぼす影響が軽微なものとして内閣府令で定める基準に該当するものを除く」と定めています。この基準を「軽微基準」といいます。軽微基準は、投資者の投資判断に及ぼす影響が軽微な事実を、重要事実から除外する機能があります。このことから、投資判断に著しい影響を及ぼす事実が重要事実となるのです【図１－３】。

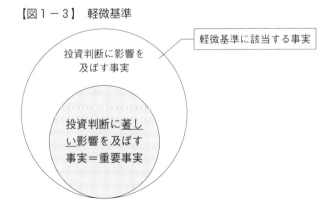

【図１－３】 軽微基準

2　上場会社等では、どのような事実が重要事実となるのか

(1)　決定事実

(a)　決定事実とは、上場会社等の業務執行を決定する機関が、一定の事項を決定したという事実です

　決定事実とは、上場会社等の業務執行を決定する機関が、①一定の事項について行うこと、または、②一定の事項を行う決定を公表した後に、その事項を行わないことを決定したという事実です。

　金商法166条2項1号は、「当該上場会社等（上場投資法人等を除く。以下この号から第八号までにおいて同じ。）の業務執行を決定する機関が次に掲げる事項を行うことについての決定をしたこと又は当該機関が当該決定（公表がされたものに限る。）に係る事項を行わないことを決定したこと」と規定しています。この規定は、上場会社等の業務執行を決定する機関が、本条2項1号(イ)～(ヨ)に列挙されている事項を行うことや行わないことを決定したことを、重要事実として定めています。

　金商法が「上場会社等」という表現をしている趣旨は、金融商品取引所に上場されている有価証券以外に、店頭売買有価証券または取扱有価証券を発行する会社も含ませることにあります。上場投資法人等以外の上場会社等の典型例は、東京証券取引所に発行する有価証券（株式）を上場している株式会社です。以下では、東京証券取引所の上場会社を念頭に解説します。

　ここでは、①上場会社におけるだれが「決定」を行うのか（決定機関の問題）、②上場会社の決定機関がどのように決めると「決定」に当たるのか（決定内容の問題）、が焦点となります。まず、だれが決定するのかという決定機関について述べた後（後述(b)）、「決定」の内容について説明します（後述(c)）。

(b)　決定するのは、「業務執行を決定する機関」です

　金商法166条2項1号が定める「業務執行を決定する機関」は、判例（最

判平成11年6月10日刑集53巻5号415頁）によれば、取締役会など法律で定められた「決定権限のある機関には限られず、実質的に会社の意思決定と同視されるような意思決定を行うことのできる機関であれば足りる」と解釈されています。もし、「業務執行を決定する機関」を取締役会による決定に限定すると、実質的な決定があったにもかかわらず、法的には、重要事実の決定が行われていないことになります。そうすると、実質的に会社関係者によるインサイダー取引がやり放題となってしまいます。これでは他の投資者からみると不公平ですから、「業務執行を決定する機関」を実質的に判断することになりました。

そのため、「業務執行を決定する機関」は取締役会に限られず、実質的に会社の意思決定と同視されるような意思決定を行うことができるのであれば、「代表取締役社長」個人でもよいこととなります。「決定機関」という言葉には、会議体に限られず、個人も含まれることに注意が必要です【図1－4】。

(c) 「決定」の内容には、2種類あります

すでに述べたように、「決定」の内容には、2種類あります。1つ目は、決定機関が、一定の事項（(d)(イ)～(ヨ)に掲げる事項）を行うことについての決定をした場合です。2つ目は、一度決定した事実を公表した後に、決定機関

【図1－4】「決定」のイメージ

がその事項を行わないことを決定した場合です【図1-5】。

　株式の発行を例にとると、株式の発行を行うことを決定した後で、経済状況が悪化して株式の発行を取りやめるということは起こりえます（なお、株式の発行を行うという決定をした後に、この決定事実を公表していれば、株式の発行を行わないという決定を行うことも、「決定」（上記2つ目の場合）に当たります）。そうすると、重要事実の決定といえるためには、決定機関における、どのような段階での認識で足りるのかということが問題となります（決定事実の熟度）【図1-6】。

　つまり、問題は、このような「決定」をしたといえるためには、決定時点において、決定内容が確実に実行されるとの予測が成り立つことが必要かという点です。この点について、判例（最判平成11年6月10日刑集53巻5号415頁）は、金商法166条2項1号の「株式の発行」を行うことについては、当該「『決定』をしたとは、右のような機関において、株式の発行それ自体や株式の発行に向けた作業等を会社の業務として行う旨を決定したことをいうものであり、右決定をしたというためには右機関において株式の発行の実現

【図1-5】　「行わないこと」の決定
例：株式の発行を「行わないこと」を決定するプロセス

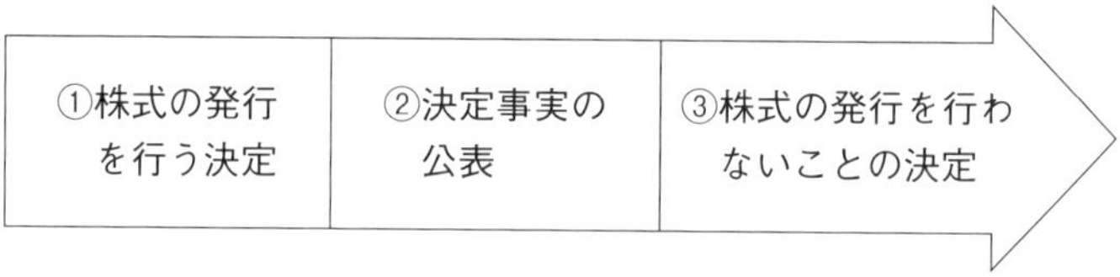

| ①株式の発行を行う決定 | ②決定事実の公表 | ③株式の発行を行わないことの決定 |

【図1-6】　決定事実の熟度（例：株式の発行）
決定事実の熟度＝決定を行う時点での認識
熟度②以降が、「決定」に該当する。

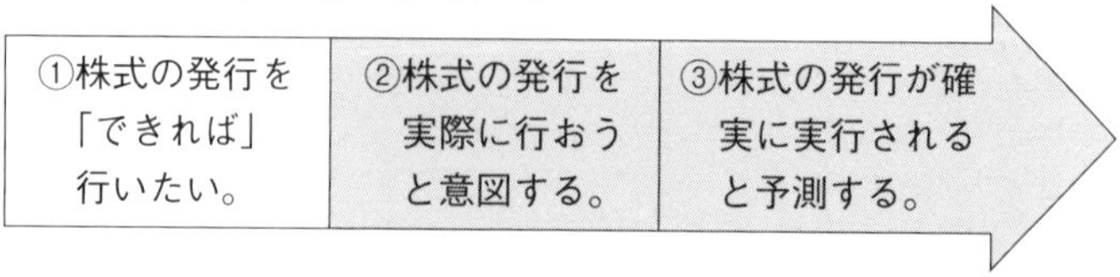

| ①株式の発行を「できれば」行いたい。 | ②株式の発行を実際に行おうと意図する。 | ③株式の発行が確実に実行されると予測する。 |

を意図して行ったことを要するが、当該株式の発行が確実に実行されるとの予測が成り立つことは要しないと解するのが相当である」としています。このように解釈する理由は、株式の発行の実現を意図して、①「株式の発行」それ自体を行うことの決定や②「株式の発行」に向けた作業等を会社の業務として行うことの決定があれば、このような決定が行われるだけで投資者の投資判断に影響を及ぼすからです。

(d) 決定事実は、15の事実に分けられます

(イ) 株式の発行や自己株式の処分に関する決定

金商法166条2項1号イは、「会社法199条1項に規定する株式会社の発行する株式若しくはその処分する自己株式を引き受ける者（協同組織金融機関が発行する優先出資を引き受ける者を含む。）の募集（処分する自己株式を引き受ける者の募集をする場合にあつては、これに相当する外国の法令の規定（当該上場会社等が外国会社である場合に限る。以下この条において同じ。）によるものを含む。）又は会社法238条1項に規定する募集新株予約権を引き受ける者の募集」に関する決定を、重要事実としています。

株式の発行や自己株式の処分が行われると、流通する株式数が増加します。そのため、すでに発行されている株式の価値が薄まることになります（株式の希釈化：株式の希薄化）。このことから、株式の発行や自己株式の処分の決定という事実（増資の決定）が公表されると、株価が下落する可能性があります。他方、株式会社の発行する株式や株式会社が処分する自己株式（会社が保有しているその会社の株式を意味します）を引き受ける者を募集する目的は、業務の提携や資金の調達にあります。このため、一般の投資者が、株式の発行や自己株式の処分の決定を行う会社の業績が拡大すると予測する場合には、株式の発行や自己株式の処分の決定という事実が公表されると、その会社の株式に対する買い注文が増え、株価が上昇する可能性があります。これらのことから、株式の発行を決定する事実は、投資者の投資判断に影響を及ぼすことになります。また、株式の発行を決定した事実を公表した後で、株式の発行を中止すると、現在の株価が変動するおそれがあります。

【図1－7】 株式の発行・自己株式の処分

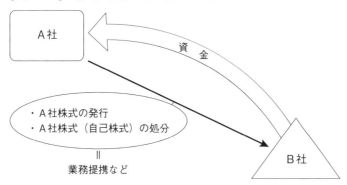

　このように、株式の発行を取りやめる決定も、投資判断に影響を及ぼすことになります。このようなことから、①株式の発行を決定した事実または②株式の発行を決定した事実を公表した後で、株式の発行を取りやめる決定をした事実が、重要事実となります。

　取引規制府令49条1項1号は、株式の発行の決定という事実について、軽微基準を定めています。この軽微基準によれば、株式の募集に対する払込金額の総額が1億円未満であると見込まれる場合には、株式の発行が決定されたとしても、重要事実には該当しません【図1－7】。

　㈡　資本金の額の減少

　金商法166条2項1号ロは、「資本金の額の減少」に関する決定を重要事実としています。

　資本金の額は、株主に「剰余金の配当」（日常用語に言い換えると「利益配当」になります）をする際に、会社財産の流出限度を定める数値となり、会社債権者を保護する役割を果たします。資本金の額の減少は、分配可能額を増加させることになります。そのため、株主は、配当を受けやすくなるのです【図1－8】。（会社法445条1項によれば）株式会社の資本金の額は、原則として、設立または株式の発行に際して株主となる者が当該株式会社に対して払込みまたは給付をした財産の額となります。株主の側からみれば、資本

【図1-8】 資本金の額の減少

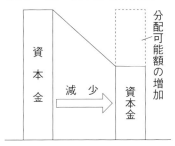

金の額は原則として出資財産の総額であり、出資した株式会社の事業規模を表す数値となります。このため、資本金の額を減少させることは、会社の事業規模を縮小することを意味します。

このように、資本金の額の減少を決定したという事実は、一般投資者の投資判断に著しい影響を及ぼすことから、重要事実とされています。なお、資本金の額の減少は、会社の事業規模を縮小させるという意味で基礎的変更に当たることから、その影響も重大であると考えられたため、軽微基準も設けられていません。

(ハ) 資本準備金または利益準備金の額の減少

金商法166条2項1号ハは、資本準備金または利益準備金の額の減少に関する決定を重要事実としています。

（会社法455条4項によれば）剰余金の配当をする場合には、株式会社は、当該剰余金の配当により減少する剰余金の額に10分の1を乗じて得た額を資本準備金または利益準備金として計上しなければなりません。資本準備金を積み立てる主な目的は、欠損が生じた際に、資本準備金を取り崩して欠損をてん補することにあります。また、利益準備金を積み立てる目的も、同様です。欠損とは、分配可能額（剰余金の配当など株主に会社財産を分配する際の限度となる額です）がマイナスになることです。資本準備金や利益準備金の額を減少させて欠損をてん補して、分配可能額がプラスになれば、株主に剰余金の配当が可能となります【図1-9】。

【図１－９】 資本準備金の額の減少

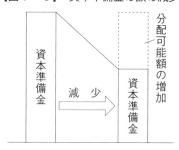

　たとえば、ある上場会社が、欠損をてん補するために利益準備金の額を減少させる決定をしたとします。このことにより、株主への剰余金の配当が可能となり、配当利回りが向上すると一般投資者が判断した場合には、その上場会社の株式に買い注文が増加し、株価が上昇する可能性があります。このようなことから、資本準備金または利益準備金の額の減少も、投資者の投資判断に大きな影響を及ぼすと考えられたことから、重要事実となっています。また、その影響も重大であると考えられたため、軽微基準も設けられていません。

　㈡　自己の株式の取得

　金商法166条2項1号ニは、自己の株式の取得に関する決定を重要事実としています。会社法は、法令上の要件を満たす限り、株式会社が自己の発行する株式を取得することを認めています。株式会社が自己の発行する株式を取得することを「自己の株式の取得」といいます【図１－10】。

【図１－10】 自己の株式の取得

たとえば、ある上場会社が、自己の株式を取得すると、その会社の流通する株式数は減少します。このため、自己の株式の取得を決定することは、その株式の需給関係に影響を与え、株価の変動要因となります。このことは、一般投資者の投資判断に著しい影響を与えると考えられました。このことから、自己の株式の取得を決定した事実を重要事実としたのです。なお、自己の株式の取得を決定した場合の影響は重大であると考えられたため、軽微基準も設けられていません。

　㈭　**株式無償割当てまたは新株予約権無償割当て**

　金商法166条2項1号ホは、株式無償割当てまたは新株予約権無償割当てに関する決定を重要事実としています。

　「株式無償割当て」とは、（会社法185条によれば）株主に対して新たに払込みをさせないで当該株式会社の株式の割当てをすることです。新たに払込みをすることはないので、「無償」という表現が行われています。株主は、無償で、株式の割当てを受けます【図1－11】。

　株式の無償割当てが行われると、株式会社の株式の数が増加することになります。新たな払込みがないので株式会社の財務状況に変化はないのですが、当該株式の流通量が増加します。他方、投資者が「株式の流通量が増加する株式の無償割当てを会社が行うのは、会社の業績が好調であるからだ」と評価した場合、その株式を買う要因になります。このように投資者の投資判断に影響を及ぼすことから、株式無償割当てに関する決定は重要事実とされているのです。

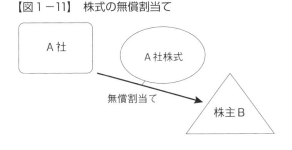

【図1－11】　株式の無償割当て

また、新株予約権無償割当てとは、(会社法277条によれば) 株主に対して新たに払込みをさせないで当該株式会社の新株予約権の割当てをすることです。新株予約権とは、株式会社に対して行使することによって、当該株式会社の株式の交付を受けることができる権利をいいます。つまり、新株予約権者は、新株予約権を行使する際に、会社に新たな払込みをして、株式を取得することができます。

　新株予約権無償割当ては、株主全員に新株の引受けをすることができる権利を割り当てる株主割当てという方法を採用する場合に利用されることがあります (これをライツ・オファリングといいます)。新株を引き受けたいと考える株主は、無償割当てされた新株予約権を行使して新株を受け取ります。他方、新株を引き受けたくないと考える株主は、無償割当てされた新株予約権を他者に売却して利益を得ることができます。新株予約権無償割当ての場合も、無償割当てされた新株予約権を行使することによって、当該株式の流通量が増加します。しかし、ライツ・オファリングができる会社の業績は好調であると評価されると、株価は上昇します。このことから、新株予約権無償割当て投資者の投資判断に影響を及ぼすことから、重要事実とされたのです。

　取引規制府令49条1項2号は、株式無償割当ておよび新株予約権無償割当てについて軽微基準を定めています。それは、①株式無償割当てを行う場合にあっては、当該株式無償割当てにより1株に対し割り当てる株式の数の割合が0.1未満であること、または、②新株予約権無償割当てを行う場合にあっては、当該新株予約権無償割当てにより割り当てる新株予約権の行使に際して払い込むべき金額の合計額が1億円未満であると見込まれ、かつ、当該新株予約権無償割当てにより1株に対し割り当てる新株予約権の目的である株式の数の割合が0.1未満であることのいずれかに該当する場合です。

　(ヘ)　株式の分割

　金商法166条2項1号ヘは、株式の分割に関する決定を、重要事実としています。株式の分割を行うと、株式の数が増加します【図1-12】。株式無

【図1-12】 株式の分割の例

償割当てと同様に、株式会社の財務状況に変化はないのですが、当該株式の流通量が増加します。株式の分割により株式の流通量が増加するので、株価が変動することになります。このように、株式の分割は、投資者の投資判断に影響を及ぼすことから、重要事実とされたのです。

取引規制府令49条1項3号は、株式の分割について軽微基準を定めています。それは、「株式（優先出資を含む。以下この号において同じ）の分割により1株（優先出資にあっては、1口）に対し増加する株式の数の割合が0.1未満であること」が定められています。

(ト) 剰余金の配当

金商法166条2項1号トは、剰余金の配当に関する決定を重要事実としています。剰余金の配当とは、会社が株主に対して利益などを分配することを意味します【図1-13】。剰余金の配当に関する決定において、配当額や配当方法が決まります。たとえば、配当額が減少すれば、投資対象としてのその株式の魅力が低下しますから、一般の投資者はその株式を「売る」という判断をする傾向があります。このような事情から、剰余金の配当に関する決定は、投資者の投資判断に影響を及ぼすことから、重要事実とされたのです。

取引規制府令49条1項4号は剰余金の配当について軽微基準を定めています。それによれば、剰余金の配当について、2割未満の増減を軽微な影響であるとして、これに該当する剰余金の配当に関する決定を、重要事実から除外しています。

【図1−13】 剰余金の配当

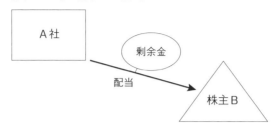

(チ) 株式交換

　金商法166条2項1号チは、株式交換に関する決定を重要事実としています。株式交換とは、たとえば、株式会社であるB社がその発行済株式（株式会社が発行している株式）の全部を他の株式会社であるA社（上場会社）に取得させることです【図1−14】。株式交換によって、A社（株式交換完全親会社）がB社（株式交換完全子会社）の発行済株式の全部を保有することになります。株式交換によってA社とB社は完全親子会社の関係を築くことから、A社の事業内容・経営方針が変更されます。そのため、株式交換は、A社の株価に影響を及ぼすことになります。仮に、B社が上場会社である場合には、現在のB社の株主は、株式交換によって、将来、B社の株式をA社の株式に交換されるので、株式交換は、B社の株価に影響を及ぼすことになります。

　取引規制府令49条1項5号は、株式交換完全親会社となる会社（A社）に

【図1−14】 株式交換

ついて、軽微基準を2つ定めています。1つ目は、①資産（B社の最近事業年度の末日における総資産の帳簿価額が、A社の最近事業年度の末日における純資産額の30％未満）および②売上高（B社の最近事業年度の売上高が、A社の最近事業年度の売上高の10％未満）という2つの基準から、完全親会社となる会社（A社）の規模に比して、完全子会社となる会社（B社）の規模が小さい場合です。言い換えれば、完全親会社の規模が完全子会社より一定程度大きい場合には、完全親会社の株主に与える影響が少ないと判断されたのです。2つ目は、子会社を対象に株式交換をする場合です。B社が株式交換前からA社の子会社であれば、A社はすでにB社の議決権のある株式の過半数を有していますから、株式交換がA社の株価に及ぼす影響が小さいと考えられたからです。

他方、株式交換完全子会社となる株主（B社株主）はその地位を失うため、その影響も重大であることから、軽微基準は設けられていません。

(リ) 株式移転

金商法166条2項1号リは、株式移転に関する決定を重要事実と定めています。株式移転とは、たとえば、株式会社であるQ社（株式移転完全子会社）がその発行済株式の全部を新たに設立する株式会社であるP社（株式移転設立完全親会社）に取得させることをいいます【図1-15】。株式交換と異なり、株式移転の場合には、株式移転設立完全親会社となるP社は、その名のとおり、株式移転の際に設立されることになります。

【図1-15】 株式移転

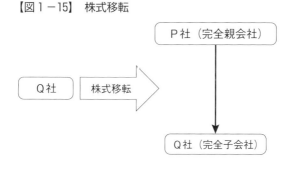

現在のＱ社株主にとっては、株式移転によって、事業会社であるＱ社の株主から持株会社であるＰ社の株主になるという質的な変化が生じるので、株式移転は、Ｑ社の株価に影響を与えます。このように、株式移転は、投資者の投資判断に大きな影響を及ぼすことから、重要事実とされたのです。株式移転により株式移転完全子会社となる株主（Ｑ社株主）はその地位を失うため、その影響も重大であると考えられたことから、軽微基準も設けられていません。

(ヌ) 合　　併

金商法166条2項1号ヌは、合併に関する決定を重要事実としています。合併には、吸収合併と新設合併があります。吸収合併とは、たとえば、上場会社であるＡ社（存続会社）が、会社法が定める合併という手続によって、他の上場会社であるＢ社（消滅会社）を吸収して、Ｂ社の権利義務の全部を承継することです【図１－16】。新設合併とは、たとえば、株式会社であるＰ社（消滅会社）とＱ社（消滅会社）の権利義務の全部を、会社法が定める合併という手続によって設立する会社であるＲ社（新設会社）に承継させるものです【図１－17】。

Ａ社がＢ社を吸収合併することにより、Ａ社の事業内容や経営方針に変更が生じるので、合併はＡ社の株価に影響を与えます。また、Ｂ社は消滅しますから、合併はＢ社の株価に影響を与えます。同様に、Ｐ社とＱ社が新設合併を行うことにより、Ｐ社とＱ社は消滅しますから、合併はＰ社とＱ社の株

【図１－16】　吸収合併

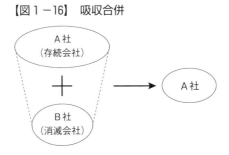

【図1−17】 新設合併

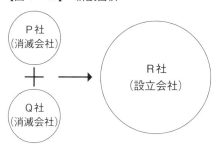

価に影響を与えます。このように、合併に関する決定は、投資者の投資判断に影響を及ぼすことから、重要事実とされたのです。

　取引規制府令49条1項6号は、存続会社となる会社（A社）について、軽微基準を2つ定めています。1つ目は、吸収合併により、存続会社となる会社（A社）の①資産増加額（資産増加額がA社の最近事業年度の末日における純資産額の30％未満であることが見込まれること）および②売上高の増加額（A社の合併予定日の属する事業年度および翌事業年度の各事業年度の売上高がそれぞれ最近事業年度の10％未満であることが見込まれること）の場合です。つまり、存続会社の規模が消滅会社より一定程度大きい場合には、存続会社の株主に与える影響が小さいと判断されたのです。2つ目は、発行済株式または持分の全部を所有する子会社を消滅会社とする吸収合併を行う場合です。B社が吸収合併前からA社の完全子会社であれば、吸収合併がA社の株主に及ぼす影響が小さいと考えられたからです。

　他方、消滅会社（B社、P社やQ社）は合併により消滅するため、これらの会社の株主は、その地位を失います。そのため、影響が重大であることから、軽微基準は設けられていません。

(ル)　会社の分割

　金商法166条2項1号ルは、会社の分割に関する決定を重要事実としています。会社の分割には、吸収分割と新設分割があります。吸収分割とは、たとえば、上場会社であるA社が、その事業に関して有する権利義務の全部ま

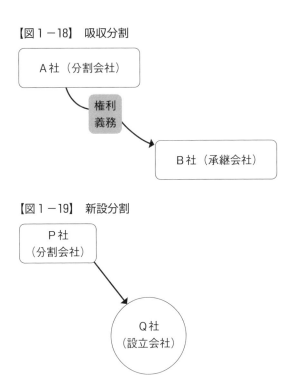

たは一部を、分割後、他の上場会社（B社）に承継させることをいいます【図1－18】。また、新設分割とは、たとえば、上場会社であるP社が、その事業に関して有する権利義務の全部または一部を、分割により設立する会社（Q社）に承継させることをいいます【図1－19】。

　吸収分割の場合、分割による権利義務の承継により、承継会社であるB社の資産状況が変化します。他方、分割会社であるA社は、B社からB社株式などの対価を受領しますから、対価が不当に安価でない限り、A社の資産状況に変化はありません。ただし、吸収分割によって、A社やB社の事業内容や経営方針が変更されるので、吸収分割は、A社やB社の株価に影響を与えます。このようなことから、吸収分割は、A社やB社の株式に投資をする投資者の投資判断に影響を及ぼします。

また、新設分割の場合も、分割会社であるＰ社も、Ｑ社からＱ社株式などの対価を受領しますから、対価が不当に安価でない限り、Ｐ社の資産状況に変化はありません。ただし、新設分割によって、Ｐ社の事業内容や経営方針が変更されるので、新設分割は、Ｐ社の株価に影響を与えます。このように、新設分割は、Ｐ社の株式に投資をする投資者の投資判断に影響を及ぼします。上記のような理由から、会社の分割に関する決定が重要事実とされているのです。

　取引規制府令49条１項７号は、会社の分割について、軽微基準を定めています。分割会社（Ａ社、Ｐ社やＱ社）側の軽微基準として、会社の分割により事業の全部または一部を承継させる場合で、①最近事業年度の末日における当該分割の対象となる事業の資産の帳簿価額が分割会社の純資産額の30％未満であり、かつ、②当該分割の予定日の属する事業年度および翌事業年度の各事業年度においていずれも当該分割による分割会社の売上高の減少額が最近事業年度の売上高の10％未満であると見込まれることというものです。つまり、分割の対象となる事業が、分割会社からみて、資産規模として小さく、かつ、売上高の減少幅も小さい場合には、分割会社に及ぼす影響は軽微なので、重要事実から除外する趣旨です。

　他方、承継会社側の軽微基準は、会社の分割により事業の全部または一部を承継する場合で、①分割による承継会社の資産の増加額が最近事業年度の末日における純資産額の30％未満であると見込まれ、かつ、②当該分割の予定日の属する事業年度および翌事業年度の各事業年度においていずれも当該分割による承継会社の売上高の増加額が承継会社の最近事業年度の売上高の10％未満であると見込まれることというものです。この場合も、吸収分割が、資産額および売上高の点で、承継会社に与える影響が小さいとして、重要事実から除外されたのです。

　㋾　事業の全部または一部の譲渡または譲受け

　金商法166条２項１号ヲは、事業の全部または一部の譲渡または譲受けに関する決定を重要事実としています。事業とは、一定の事業目的のために組

【図1-20】 事業譲渡

織された有機的一体として機能する財産のことをいいます。つまり、たとえば、航空機製造に関する事業の場合、翼を製作する機械のような個別財産とは異なり、航空機の各部品を製造し、これらを組み立て完成させる一連の工程を行う従業員や工場などを包括する、実際に飛行できる航空機を製造して、販売するプロセス全体を意味します。

また、「事業の全部又は一部の譲受け」という言葉は、上記のような事業の全部または（事業を構成する）一部を、譲受会社（B社）からみて、譲り受けることを意味します【図1-20】。

事業の譲渡会社（A社）にとって、「事業の全部又は一部の譲渡」は、譲受会社（B社）から現金などの対価を受領しますから、対価が不当に安価でない限り、A社の資産状況に変化はありません。しかし、事業譲渡によって、A社に属していた事業がA社から分離されるので、A社の収益力に変化が生じます（事業譲渡された事業が収益性の高い事業であればA社の収益力は低下しますし、事業譲渡された事業が不採算事業であればA社の収益力は向上します）。このことから、事業譲渡は、A社の株式に投資をする投資者の投資判断に影響を及ぼします。

他方、事業の譲受会社（B社）にとって、「事業の全部又は一部の譲受け」は、譲り受けた事業の収益性の高低によって、B社の収益力にも影響が生じます。このことから、事業譲渡は、B社の株式に投資をする投資者の投資判断に影響を及ぼします。このように、事業の全部または一部の譲渡または譲受けに関する決定は、譲渡会社・譲受会社双方の事業基盤や経営に影響を及ぼすことから、重要事実とされたのです。

取引規制府令49条1項8号は、事業の全部または一部の譲渡または譲受け

に関する決定について、軽微基準を定めています。譲渡会社（A社）については、事業譲渡の対象となる事業の規模が、事業会社の規模に比して小額である場合です（A社が事業の全部または一部の譲渡をする場合で、最近事業年度の末日における当該事業の譲渡に係る資産の帳簿価額が会社の同日における純資産額の30％未満であり、かつ、当該事業の譲渡の予定日の属する事業年度および翌事業年度の各事業年度においていずれも当該事業の譲渡による当該会社の売上高の減少額が当該会社の最近事業年度の売上高の10％未満であると見込まれること）。つまり、事業譲渡が譲渡会社に与える影響が小さい場合には、投資判断に及ぼす影響も軽微なので、その事業譲渡に関する決定を重要事実から除外する趣旨です。

　他方、譲受会社（B社）については、2つの軽微基準があります。1つ目は、譲り受ける事業が譲受会社に比して小額である場合です（B社が事業の全部または一部を譲り受ける場合であって、当該事業の譲受けによる会社の資産の増加額が当該会社の最近事業年度の末日における純資産額の30％未満であると見込まれ、かつ、当該事業の譲受けの予定日の属する事業年度および翌事業年度の各事業年度においていずれも当該事業の譲受けによる当該会社の売上高の増加額が当該会社の最近事業年度の売上高の10％に相当する額未満であると見込まれること）。つまり、事業の譲受けによる譲受会社に対する影響が小さい場合には、投資判断に及ぼす影響も軽微なので、その事業の譲受けに関する決定を重要事実から除外する趣旨です。2つ目は、発行済株式または持分の全部を所有する子会社からの事業の全部または一部の譲受けのいずれかに該当する場合です。譲受会社（B社）とその完全子会社（A社）とは経済的には一体ですから、投資判断に及ぼす影響が軽微なので、その事業の譲受けに関する決定を重要事実から除外する趣旨です。

(ワ)　解　　散

　金商法166条2項1号ワは、解散に関する決定を重要事実としています。株式会社は法人格という法的な主体性を有するので、私たち自然人と同じように、法的に権利を有し義務を負うことができます。合併の場合を除いて、

【図1-21】 解　散

　会社が解散した場合には清算手続に入り、清算の結了によって、会社の法人格は消滅します【図1-21】。解散とは、株式会社が有する法人格の消滅原因となる事実です。解散事由は、会社法によって定められており、①定款で定めた存続期間の満了、②定款で定めた解散の事由の発生、③株主総会の決議などが列挙されています。解散・清算による法人格の消滅は、投資対象である株式会社が消滅することを意味します。また、上場会社が解散する場合には、当該会社の株式は上場廃止になるため、解散の決定は、当該会社の株価に影響を与えます。このように、解散に関する決定は、投資判断にきわめて重大な影響を及ぼすことから、重要事実とされたのです。
　なお、解散の決定は、その影響が重大であることから、軽微基準は設けられていません。

　㈹　新製品または新技術の企業化

　金商法166条2項1号カは、新製品または新技術の企業化に関する決定を重要事実としています。「新製品の企業化」とは、新しい製品を製造・販売することを意味します。また、「新技術の企業化」とは、新しい技術を生産ラインに導入することや新しい技術で製品を製造・販売することを意味します。
　新製品や新技術が開発され、企業化されたことが公表されると、その会社の収益力が向上すると判断され、取引を通じて株価が上昇する傾向があります。このように、新製品・新技術の企業化は、投資者の投資判断への影響を与える可能性があります【図1-22】。そこで、新製品または新技術の企業化に関する決定を重要事実としたのです。
　取引規制府令49条1項9号は、新製品または新技術の企業化に関する決定

【図1-22】 新製品の企業化

について軽微基準を定めています。この軽微基準は、①売上高が一定基準未満であること（例：Ａ社が新製品の販売または新技術を利用する事業の開始予定日の属する事業年度開始の日から3年以内に開始する各事業年度においていずれも当該新製品または新技術の企業化によるＡ社の売上高の増加額がＡ社の最近事業年度の売上高の10％未満であると見込まれること）と②新製品・新技術の企業化に伴う支出が資産に与える影響が一定基準未満であること（例：Ａ社の新製品の販売または新技術を利用する事業の開始のために特別に支出する額の合計額がＡ会社の最近事業年度の末日における固定資産の帳簿価額の10％未満であると見込まれること）の両方を満たすことを定めています。つまり、売上高基準や資産基準という視点から、新製品・新技術の企業化による会社に対する影響が小さい場合、当該新製品・新技術の企業化に関する決定を重要事実から除外するものです。

㈢ 政令で定める事項

金商法166条2項1号ヨは、重要事実の追加を政令に委ねる規定です。政令（取引規制府令）によれば、①業務上の提携または業務上の提携の解消や②子会社の異動を伴う株式・持分の譲渡または取得などを定めています。

(2) 発生事実

(a) 発生事実は、上場会社の意思決定にかかわりなく生じる重要事実です

発生事実は、いままで述べた決定事実とは異なり、上場会社の意思決定にかかわりなく生じる重要事実です。金商法は、①災害に起因する損害または

業務遂行の過程で生じた損害、②主要株主の異動、③上場の廃止または登録の取消しの原因となる事実、④政令で定める事項の4つを定めています。いずれの発生事実も、公表されると、投資者の投資判断に影響を与える可能性があります。以下では、それぞれの発生事実の概要をみていきましょう。

(b) 発生事実は、4つの事実に分けられます

　(イ)　災害に起因する損害または業務遂行の過程で生じた損害

　災害に起因する損害または業務遂行の過程で生じた損害が発生したことが、重要事実となります（166条2項2号イ）。「災害に起因する損害」とは、地震のような自然災害や人為的な原因による事故などにより発生した損害を意味します。また、「業務遂行の過程で生じた損害」とは、会社の事業として活動中に発生した損害を意味します。

　たとえば、A株式会社（工業製品の製造・販売を業務とする上場会社）の主力商品を製造する主要工場が火災により焼失した場合、主要工場という財産が消滅・毀損することによってA社の資産状況は悪化しますし、主要工場の稼働が停止することによって、製品を製造することができなくなりますから、A社の収益力も低下します。このことは、A社の投資者にとって投資判断に重要な影響を与えることになりますから、A社の株価にも影響を与える可能性があります。このような理由から、災害に起因する損害または業務遂行の過程で生じた損害の発生が、重要事実とされたのです。

　取引規制府令50条1号は、「災害若しくは業務に起因する損害又は業務遂行の過程で生じた損害」について、軽微基準を設けています。上記の例でA社に発生した損害が、A社の最近事業年度の末日における純資産額の3％未満であると見込まれる場合、A社主要工場の火災による焼失という発生事実は、重要事実に該当しません。発生した損害が最近事業年度の末日における純資産額の3％未満であると見込まれる場合は、投資判断に与える影響が軽微であると考えられたためです。

　(ロ)　主要株主の異動

　主要株主の異動が、重要事実となります（166条2項2号ロ）。「主要株主」

とは、たとえば、A株式会社における総株主の議決権総数の10％以上を保有する株主をいいます。このような主要株主は、議決権行使を通じてA株式会社の意思決定に関与することができるので、A株式会社の経営などに対して強い影響力を有しています。「主要株主の異動」とは、①主要株主であった者が主要株主ではなくなることや②主要株主でなかった者が新たに主要株主となることを意味します。A株式会社の主要株主であるB氏が、持ち株であるA社株式をすべて売却して主要株主の地位を失う場合（上記①の例）や、A株式会社の主要株主でなかったC氏が、10％以上のA社株式を新たに取得して主要株主の地位を得る場合（上記②の例）が考えられます。

主要株主の異動は、その会社の経営方針が変更されるなど会社の資産状況や収益力にも大きな影響を与える可能性があります。このようなことから、主要株主の異動は投資者の投資判断に著しい影響を与えると考えられたため、発生事実として規定されたのです。

なお、主要株主の異動は投資判断に著しい影響を与えるので、この発生事実について軽微基準はありません。

　(ハ)　特定有価証券または特定有価証券に係るオプションの上場の廃止または登録の取消しの原因となる事実

特定有価証券または特定有価証券に係るオプションの上場の廃止または登録の取消しの原因となる事実が、重要事実となります（166条2項2号ハ）。

ここで、特定有価証券とは何か、また、オプションとは何か、ということの確認が必要となります。

(i)　特定有価証券とは何か

「特定有価証券」の典型例は、株式会社が発行する紙媒体の「社債券」や「株券」です。「社債券」は、社債券とは、公衆から会社が借りた金銭の支払債務（要するに、会社の社債権者に対する借金です）を紙媒体の有価証券にしたものです。また、「株券」とは、株式会社の株主としての地位である株式（要するに、株式を有する者が株主になります）を紙媒体の有価証券にしたものです。

なお、現在、上場会社の発行する株式はすべて電子化されています。

(ii) 特定有価証券に係るオプションとは何か

また、「特定有価証券に係るオプション」とは、当事者の一方の意思表示により当事者間において特定有価証券の取引を成立させることができる権利のことをいいます。特定有価証券に係るオプションについて、簡略に説明しましょう。上場会社であるＡ株式会社を、将来の特定の日（例：20XX年12月1日）までの間（これを「行使期間」といいます）に、一定の価格（これを「行使価格」といいます。例：100円）で買う権利をコール・オプションといいます。コール・オプションは、Ａ社株式の価格が、行使価格（100円）とコール・オプションを取得するために必要な費用（オプション・プレミアムといいます。例：10円）の合計額（110円）を超えたとき（例：120円）に行使すれば、利益を得ることができます。なぜなら、コール・オプションを行使して、100円の行使価格の支払によりＡ社株式を取得して、そのＡ社株式を市場において120円で売却すれば、10円の利益を得るからです。また、Ａ社株式の価格が行使価格（100円）とコール・オプションを取得するために必要な費用（10円）の合計額（110円）を超えない場合には、コール・オプションは権利ですから、このオプションを行使する必要はありません。損失は、コール・オプションを取得するために必要な費用（10円）に限定されます。

また、上場会社であるＡ株式会社を、将来の特定の日（例：20XX年12月1日）までの間に、一定の価格（例：100円）で売る権利をプット・オプションといいます。プット・オプションの経済的機能は、コール・オプションの逆になりますので、注意が必要です。

(iii) 上場の廃止等の原因となる事実とは何か

上場の廃止または登録の取消しの原因となる事実とは、各証券取引所が定める上場廃止基準や登録の取消しに該当する事由のことです。たとえば、株主数や流通株式数が一定数に満たないと上場廃止になります。

株券などの特定有価証券は、市場に上場されているからこそ、自由に売買することができます。だからこそ、お金が必要なときに、自由に保有してい

る株券を売却することにより、株券を換金できるのです。たとえば、A社株式が上場廃止になると、市場を通じて売却して換金することができなくなります。このことは、A社株式の取引について、投資者の投資判断に影響を与えます。そのため、特定有価証券上場の廃止または登録の取消しの原因となる事実の発生を重要事実としたのです。また、上場された特定有価証券に係るオプションの場合も同様です。

　特定有価証券または特定有価証券に係るオプションの上場の廃止または登録の取消しの原因となる事実については、軽微基準が定められています（取引規制府令50条2号）。この軽微基準によって、①社債券や②優先株の上場の廃止や登録の取消しの原因となる事実の発生は重要事実から除外されます。社債券とは、公衆から会社が借りた金銭の支払債務を有価証券化したものです。また、優先株とは、剰余金の配当に関し優先的内容を有する種類の株式をいいます（取引規制府令50条2項カッコ書）。この軽微基準の趣旨は、普通株式の上場廃止に関する事実のみを重要事実とする点にあります（三國谷勝範編『インサイダー取引規制詳解』（資本市場研究会、1990年）85頁）。

　㈡　政令で定める事実

　上記㈤と㈥以外の重要事実を追加することは、政令に委ねられています（166条2項2号ニ）。政令（取引規制府令）によれば、①財産権上の請求に係る訴えが提起されたことなど訴訟に関連する事項や②事業の差止めなど、投資判断に影響を与える発生事実を規定しています。

(3) 決算情報の修正事実

⒜ 決算情報の修正事実とは、決算情報について、公表がされた直近の予想値と新たに算出した予想値等において差異が生じたという事実です

　上場会社等の決算情報の修正事実も、重要事実となります（166条2項3号）。決算情報の修正事実とは、①上場会社等の「売上高等」、②当該上場会社等の配当、③当該上場会社等の属する企業集団の売上高等について、公表がされた直近の予想値（当該予想値がない場合は、公表がされた前事業年度の実

績値）に比較して当該上場会社等が新たに算出した予想値または当事業年度の決算において差異が生じたという事実です。

　言い換えれば、上記①～③のいずれについても、㈣公表された予想値と新たに算出した予想値との間に差異が生じたこと、または、㈪公表された予想値と実際の決算との間に差異が生じたことを、重要事実とするものです。このような㈣予想値間の差異や㈪予想値と決算との差異は、Ⓐ数値が改善された場合とⒷ数値が悪化した場合に生じます。たとえば、「純利益」の予想値を発表したＡ株式会社の「純利益」の数値が改善された場合（上記Ⓐ）には、Ａ社の業績が向上していることを意味します。そのため、Ａ社株式に対する「買い」という投資者の判断に結びつきます。他方、Ａ株式会社の「純利益」の数値が予想値よりも悪化した場合（上記Ⓑ）には、Ａ社の業績が低下していることを意味しますから、Ａ社株式に対する「売り」という投資者の判断に結びつきます。このように決算情報に差異が生じたことは、予想値を発表した上場会社等に対する投資判断に影響を与えることになります。

(b)　決算情報の対象は、①上場会社等の売上高等、②当該上場会社等の配当、③当該上場会社等の属する企業集団の売上高等です

　㈣「売上高等」とは、売上高、経常利益または純利益です

　「売上高等」とは、売上高、経常利益または純利益を意味します。「売上高」とは、商品等の販売または役務の給付によって実現した営業収益です。たとえば、鉄鋼の製造販売を業務とするＡ社の売上高は、Ａ社の本業である鉄鋼の製造業において実現した収益となります。この売上高は、Ａ社の本業における収益力を示す指標の１つになります。

　「経常利益」は、営業利益（＝売上高－売上原価－（販売費＋一般管理費））金額または営業損失金額に、営業外収益の金額を加減し、次に営業外費用の金額を加減したものです。たとえば、上記のＡ社は、本業である鉄鋼の製造業以外に、会社所有の土地をＢに賃貸することにより、賃貸料という収益をあげていたとします。この収益が、Ａ社の営業外収益になります。Ａ社の経常利益は、Ａ社の本業および本業以外のすべて活動に基づく収益力を示す指

標となります。

「純利益」とは、当期純利益を意味します。当期純利益とは、税引前当期純利益から当期の負担に属する法人税額、住民税額等を控除したものです。「税引前当期純利益」は、経常利益に特別利益（臨時的な利益で、たとえば、不動産の売却益などです）を加え、これから特別損失（臨時的な損失で、たとえば、災害による損失などです）を控除したものです。要するに、当期純利益は、支払うべき税金を控除した純粋な利益で、配当の原資となります。「純利益」もその会社の収益力を示す指標となります。

このように、「売上高等」は、いずれもその上場会社等の収益力を示す指標ですので、「売上高等」の修正は、当該上場会社等の株式などに対する取引についての投資判断に影響を与えることになります。

(ロ) 「配当」とは、剰余金の配当です

「配当」とは、剰余金の配当を意味します。株主は、利益の分配を受けるために投資するわけですから、配当は、投資の対象である会社を決定するための本質的要素となります。そのため、この予測値を修正することは、株主を含む投資者にとって、投資判断に影響を及ぼす事実となります。

(ハ) 「企業集団」とは、密接な関係を有する会社等の集団です

「企業集団」とは、①ある会社と、②当該会社が議決権の過半数を所有することなどにより、密接な関係を有する会社等の集団を意味します。たとえば、A社がB社の総株主の議決権の過半数を所有している場合、①A社と②B社が、A社の「企業集団」を形成していることになります。つまり、A社とA社が意思決定機関を支配しているB社は、法的には別々の会社です。しかし、A社とB社は支配従属関係がありますから、A社とB社は経済的に一体です。この経済的一体性に注目して、A社とB社を「企業集団」として把握しているのです。そのため、A社単独の「売上高等」の修正のみならず、A社とB社が企業集団として「連結」した「売上高等」の修正も、A社株式に対する投資者の投資判断に影響を与える可能性があるのです。

(c) 修正事実とは、①公表された予想値と新たに算出した予想値との間に差異が生じたこと、②公表された予想値と実際の決算との間に差異が生じたことです

ここでいう修正事実とは、①公表された予想値と新たに算出した予想値との間に差異が生じたこと、または、②公表された予想値と実際の決算との間に差異が生じたことを意味します。

まず、「予想値」は、「売上高等」や「配当」について予想される数値となります（期末に実施する配当を例にとると、「当期の剰余金の配当額として1億円が見込まれる」と公表した場合、「1億円」が配当の予想値となります）。また、「予想値」は、今期の予想値に限定され、不確定要因が多いので、翌期以降の予想値は含まれません。

「公表がされた直近の予想値」がない場合は、公表がされた前事業年度の実績値が比較の基準となります。

「当該上場会社等が新たに算出した予想値」とは、当該上場会社等の判断として確定した予想値となります。また、「当事業年度の決算」は、当該上場会社等が会社法上の決算手続に従い、確定した数値となります。

(d) 決算情報の修正事実のなかで重要なものだけが、重要事実になります

決算情報の修正事実については、軽微基準を定める方式とは異なり、重要基準を定める方式を採用しています。つまり、決算情報の修正事実のうち、投資者の投資判断に及ぼす影響が重要なものとして定める基準に該当するものに限り、重要事実に該当すると評価するのです。

投資者の投資判断に及ぼす影響が重要な基準は、①売上高、②経常利益、③純利益、④剰余金の配当それぞれについて、定められています（取引規制府令51条）。

①売上高の修正は、予想値の修正率が10％以上変動する場合に、重要事実となります。

②経常利益の修正は、予想値の修正率が30％以上変動する場合で、かつ、予想値の変動額が前事業年度の末日における純資産額と資本金の額とのいず

れか少なくない金額の5％以上である場合に、重要事実となります。予想値の修正率の基準については、公表がされた直近の予想値がゼロの場合や（当該予想値がない場合における）公表がされた前事業年度の実績値がゼロの場合は、この基準に該当します。経常利益について、予想値の修正率だけでなく、変動額の基準を設けている趣旨は、公表がされた直近の予想値や（当該予想値がない場合における）公表された前事業年度の実績値が小さい場合、修正率が30％以上変動しても、変動額が少ないことから投資判断に影響を及ぼす影響が小さいと判断されたためです。

③純利益の修正は、予想値の修正率が30％以上変動する場合で、かつ、予想値の変動額が前事業年度の末日における純資産額と資本金の額とのいずれか少なくない金額の2.5％以上である場合に、重要事実となります。予想値の修正率の基準については、公表がされた直近の予想値がゼロの場合や（当該予想値がない場合における）公表がされた前事業年度の実績値がゼロの場合は、この基準に該当します。

④剰余金の配当の修正は、予想値の修正率が20％以上変動する場合に、重要事実となります。公表がされた直近の予想値がゼロの場合や（当該予想値がない場合における）公表がされた前事業年度の実績値がゼロの場合は、この基準に該当します。

(4) 上場会社等に係る投資者の投資判断に著しい影響を及ぼす事実

(a) 「バスケット条項」に該当すれば、決定事実などに該当しない事実でも重要事実になります

「前三号に掲げる事実を除き、当該上場会社等の運営、業務又は財産に関する重要な事実であつて投資者の投資判断に著しい影響を及ぼすもの」も、重要事実になります（166条2項4号）。これは、金商法166条2項1～3号（前述した①決定事実、②発生事実、③決算情報の修正事実）に該当しない事実であっても、当該上場会社等の運営、業務または財産に関する重要な事実であって投資者の投資判断に著しい影響を及ぼす事実を、重要事実とするもの

です。つまり、投資者の投資判断に著しい影響を及ぼす事実であるにもかかわらず、①決定事実、②発生事実や③決算情報の修正事実に該当しないものを、重要事実として取り扱えるようにする規定です。このような規定を、「バスケット条項」といいます。

このバスケット条項に該当する重要事実の例として、①粉飾決算の事実、②新薬の副作用に関する事実などが当たります。

(b) 投資者の投資判断に著しい影響を及ぼす事実は、バスケット条項に該当します

バスケット条項が定める重要事実に該当するかは、その事実が「投資者の投資判断に著しい影響を及ぼすもの」であるか否かで決まります。「投資者の投資判断に著しい影響を及ぼす」とは、投資者がその事実を知っていれば、投資対象である金融商品（例：株式）を「売りたい」または「買いたい」という投資判断を必然的に生じさせる事実を意味します。

3 上場会社等の子会社における重要事実とは何か

(1) 上場会社等の子会社における重要事実の特徴

(a) 上場会社等の子会社における重要事実は、上場会社等の子会社が情報の発生源です

上場会社等の子会社における重要事実は、事実の発生源が、上場会社等ではなく、上場会社等の子会社となるという点に特徴があります。

上場会社等の子会社において重要事実が発生した場合、公表される前に、「当該上場会社」のインサイダー取引を禁じられるのは、①当該上場会社等に係る会社関係者と②当該上場会社等の子会社に係る会社関係者です（166条1項本文）。この条文解釈は複雑なので、単純な例をあげましょう。上記①の典型例は、次のようなものです。東京証券取引所にその発行する株式を

上場しているＡ株式会社の代表取締役Ｘが、Ａ社の子会社であるＢ株式会社の重要事実を知り、その重要事実が公表される前に、Ａ社の株式を買う行為がインサイダー取引となります。

　上記②の典型例は、次のようなものです。それは、上記Ｂ社（Ａ社の子会社）の代表取締役Ｙが、Ａ社の子会社であるＢ株式会社の重要事実を知り、その重要事実が公表される前に、Ａ社の株式を買う行為がインサイダー取引となります。

(b)　**上場会社等の子会社における重要事実は、4種類あります**

　上場会社等の子会社における重要事実の種類は、上場会社等の場合と同じです。そのため、上場会社等の子会社における重要事実も、⑴決定事実、⑵発生事実、⑶決算情報の修正事実、⑷投資者の投資判断に著しい影響を及ぼす事実の4種類があります。

　以下で、上場会社等の子会社における重要事実について、概観しましょう。

⑵　上場会社等の子会社における決定事実

(a)　**決定事実とは、その子会社の業務執行を決定する機関が決定した事実です**

　上場会社等の子会社における決定事実とは、その子会社の業務執行を決定する機関が、子会社に関して法が定めた事項について、①決定をしたこと、または、②公表された決定事項を行わないことを決定したことです（166条2項5号）。

(b)　**決定事実は、3つの事項に分けられます**

　法が定めている事項は、①子会社の組織編制を変更する事項、②子会社における新製品や新技術の企業化に関する事項、③政令で定める事項の3つに分けることができます。

　上記①子会社の組織編制を変更する事項としては、㈤株式交換、㈥株式移転、㈦合併、㈣会社の分割、㈥事業の全部または一部の譲渡または譲受け、㈥解散の6つが定められています。これらの事項は、上場会社等の場合と同

第1章　重要事実　35

じです。内容については、上場会社等の該当箇所を参照してください。

上記②子会社における新製品や新技術の企業化に関する事項についても、上場会社等の場合と同じです。

上記③政令で定める事項としては、業務上の提携または業務上の提携の解消などが定められています。

なお、上場会社等の場合と同じように、軽微基準（軽微な事実は、重要事実から除外されます）も定められています。

(3) 上場会社等の子会社における発生事実

(a) 発生事実とは、上場会社等の子会社に生じた災害に起因する損害などの事実です

上場会社等の子会社における発生事実とは、(イ)上場会社等の子会社における災害に起因する損害または業務遂行の過程で生じた損害、(ロ)上記(イ)に掲げる事実に準ずる事実として政令で定める事実のいずれかが発生した事実です（166条2項6号）。上場会社等の子会社における発生事実は、上場会社等の子会社が事実の発生源となります。

(b) 発生事実は、2つの事実に分けられます

(イ) 上場会社等の子会社における災害に起因する損害または業務遂行の過程で生じた損害

「災害に起因する損害又は業務遂行の過程で生じた損害」の意義は、上場会社等の場合と同様です。また、上場会社等の場合と同様に、軽微基準も定められています。

(ロ) 上記(イ)に掲げる事実に準ずる事実として政令で定める事実

政令で定める事実には、①財産権上の請求に係る訴えが提起されたことまたは当該訴えについて判決があったことや②この訴えに係る訴訟の全部もしくは一部が裁判によらずに完結したことなどが定められています。たとえば、上場会社A社の子会社であるB社が、取引先のC社から多額の損害賠償を求める訴訟を提起された場合、将来、B社がC社に対して多額の損害賠償

金を支払う義務を負う可能性があります。Ｂ社が多額の損害賠償金を支払えば、その損失による影響は、経済的に一体であるＡ社にも及びます。このことから、政令では上記①や②を発生事実として定めているのです。

上場会社等の場合と同様に、これらの発生事実についても、軽微基準も定められています。

(4) 上場会社等の子会社における決算情報の修正事実

ⓐ 決算情報の対象は「上場会社等の子会社」です

上場会社等の子会社における決算情報の修正事実とは、①上場会社等の子会社の「売上高等」、②当該上場会社等の配当、③当該上場会社等の属する企業集団の売上高等について、公表がされた直近の予想値（当該予想値がない場合は、公表がされた前事業年度の実績値）に比較して当該上場会社等が新たに算出した予想値または当事業年度の決算において差異が生じたという事実です（166条2項7号）。基本的な考え方は、決算情報の対象が「上場会社等の子会社」となるだけで、上場会社等の場合と同じです。

ⓑ すべての「上場会社等の子会社」の決算情報の修正事実が、重要事実に当たるわけではありません

上場会社等の子会社における決算情報の修正事実における「上場会社等の子会社」は、①上場会社等の子会社自体が発行する株式などが金融商品取引所に上場されている場合、②子会社連動株式におけるその連動子会社に当たる場合に限定されています（166条2項7号、取引規制府令55条1項）。つまり、留意すべき点として、すべての「上場会社等の子会社」の決算情報の修正事実が重要事実に当たるわけではないということです。

また、上場会社等の子会社における決算情報の修正事実についても、上場会社等の場合と同じように、重要基準が定められています（上場会社等の子会社における決算情報の修正事実のなかで重要なものだけが、重要事実になります）。

(5) 上場会社等の子会社に係る投資者の投資判断に著しい影響を及ぼす事実

　上記の①決定事実、②発生事実、または、③決算情報の修正事実に該当しない事実であっても、当該上場会社等の子会社の運営、業務または財産に関する重要な事実であって投資者の投資判断に著しい影響を及ぼす事実を包摂するバスケット条項となっています。

4　上場投資法人等における重要事実とは何か

(1)　上場投資法人等における重要事実の特徴

(a)　上場投資法人等が情報の発生源です

　まず、「上場投資法人等」という意味を明らかにしましょう（下記(イ)）。次に、「投資法人」の機能を説明しましょう（下記(ロ)）。そして、「投資法人」の機能から、上場投資法人等に関する規制の枠組みを概観しましょう（下記(ハ)）。

　(イ)　上場投資法人等とは何か

　「上場投資法人等」とは、「投資信託及び投資法人に関する法律」（投信法）が規定する投資法人である上場会社等を意味します（金商法163条1項カッコ書）。「投資法人」とは、投信法に基づいて設立され、資産を主として不動産などの特定資産に対する投資として運用することを目的とする社団です（投信法2条12項）。「上場投資法人等」の具体例として、不動産投資信託を行う投資法人（J-REIT）をあげることができます。

　(ロ)　投資法人の機能とは何か

　投資法人の機能を簡単に説明しましょう【図1-23】。まず、①投資法人は、投資口を発行して、投資口を引き受ける投資者から資金を調達します。

【図1-23】 投資法人の仕組み

「投資口」とは、「均等の割合的単位に細分化された投資法人の社員の地位」をいい、株式会社の株式に相当します（投信法2条14項）。②集めた資金の運用を資産運用会社に委託します。③資産運用会社は、委託された資金で、不動産などを取得し、運用することによって利益を得ます。④投資法人は、資産運用により得られた利益を、投資証券の投資者に還元します。つまり、投資法人は、このような投資の仕組みを実行するための組織なのです。

投資法人は、制度上も、自ら投資運用を行うことができません。すなわち、投資法人は、資産の運用以外の行為を営業としてすることができませんし、使用人を雇用することも禁止されています（投信法63条）。そのため、法律上も、内閣総理大臣の登録を受けた投資法人（「登録投資法人」といいます）は、資産運用会社にその資産の運用に係る業務の委託をしなければなりません（同法198条1項）。このように、投資法人は、「上場会社等」の典型例である株式会社とは異なり、投資者と資産運用会社とを間接的に結びつける「器」としてのみ機能することが予定されています。

(ハ) 投資法人をめぐる規制の概要はどのようなものか

「上場投資法人等」である投資法人は、前述のように、自ら投資運用をすることができません。投資者から集めた資金を基にした投資運用を、資産運用会社に委託します。「資産運用会社」とは、登録投資法人の委託を受けてその資産の運用に係る業務を行う金融商品取引業者をいいます（投信法2条21号）。

このような仕組みから、投資法人の投資運用状況は、資産運用会社の業績に影響を受けることになります。このことから、実務上、人員・ノウハウ、投資対象物件の提供等の面で、資産運用会社の親会社等（「スポンサー企業」

と称されます）が、投資法人の運営に大きな影響を与えているといわれています。理論上は、投資口の価格は運用資産の純資産価額に基づいて形成されます。しかし、実際の価格動向を観察すると、運用資産の純資産価額以外の要素であるスポンサー企業の変更等によっても、相当程度変動することが報告されています。投資法人の投資口についても、株式と同じように、スポンサーの変更などの情報を、その公表前に知りうる立場の人が、その情報を知って取引を行えば、証券市場の公正性・健全性に対する投資者の信頼を害するおそれがあります。そこで、上場投資法人等の投資口についても、インサイダー取引の対象としたのです。

(b) 上場投資法人等における重要事実は、4種類あります

　上場投資法人等における重要事実も、「上場会社等」と同じように、①上場投資法人等の決定事実、②上場投資法人等における発生事実、③上場投資法人等における決算情報の修正事実、④上場投資法人等に係る投資者の投資判断に著しい影響を及ぼす事実に分けることができます。

(2)　上場投資法人等の決定事実とは何か

(a) 決定事実とは、当該上場投資法人等の業務執行を決定する機関が、決定した事実です

　上場投資法人等の決定事実とは、当該上場投資法人等の業務執行を決定する機関が、上場投資法人等に関して法が定めた事項について、①決定をしたこと、または、②公表された決定事項を行わないことを決定したことです（166条2項9号）。決定事実の発生源は、上場投資法人等であり、資産運用会社ではないことに留意が必要です。

(b) 決定事実は、9つの事実に分けられます

　法が定めた内容とは、㈱資産の運用に係る委託契約の締結またはその解約、㈹投資法人の発行する投資口を引き受ける者の募集、㈻自己の投資口の取得、㈼新投資口予約権無償割当て、㈺投資口の分割、㈻金銭の分配、㈻合併、㈻解散（合併による解散を除く）、㈼上記㈱〜㈻に掲げる事項に準ずる事

項として政令で定める事項です。上記(イ)以外の事項は、基本的に、上場会社等の場合と同じ趣旨です。

　上記(イ)の「資産の運用に係る委託契約の締結又はその解約」について、説明しましょう。上場投資法人等における資産の運用に係る委託契約の締結またはその解約は、資産運用会社の選定・変更等を意味します。資産運用会社が従前とは異なる会社に変わる場合には、委託契約の締結・解約後における資産運用の対象や方針が変更される可能性があります。前述のように、上場投資法人等の投資口の価値は、資産運用会社による資産運用の良し悪しに大きな影響を受けます。このため、資産運用会社の選定・変更等は、投資口の価格に影響を及ぼす可能性があります。このような理由から、「資産の運用に係る委託契約の締結又はその解約」に関する決定事実を、重要事実としているのです。

　これらの事実の一部については、上場会社と同様に、軽微基準が定められています。

(3) 上場投資法人等における発生事実

(a) 発生事実とは、上場投資法人等に生じた災害に起因する損害などの事実です

　上場投資法人等の発生事実とは、(イ)災害に起因する損害または業務遂行の過程で生じた損害、(ロ)特定有価証券または特定有価証券に係るオプションの上場の廃止または登録の取消しの原因となる事実、(ハ)上記(イ)または(ロ)に掲げる事実に準ずる事実として政令で定める事実のうち、いずれかの事実が発生したことです（166条2項10号）。

(b) 発生事実は、3つの事実に分けられます

　(イ) 災害に起因する損害または業務遂行の過程で生じた損害

　①「災害に起因する損害」は、投資法人の施設の損壊などに起因する損害によって投資法人の財産が毀損されることが想定されています。投資法人の財産が毀損されることによって、その投資法人の財産状態が悪化して、投資

口の価格に悪影響を及ぼす可能性があるからです。つまり、投資法人自身の損害が対象となります。他方、②「業務遂行の過程で生じた損害」は、資産運用会社に生じた損害が対象となります。つまり、資産運用会社による資産運用に係る業務遂行の過程で生じた損害は、委託した投資法人に帰属するため、投資法人の投資口の価格に悪影響を及ぼす可能性があるからです。

　また、上場会社等の場合と同様に、軽微基準も定められています。

　(ロ)　特定有価証券または特定有価証券に係るオプションの上場の廃止または登録の取消しの原因となる事実

　上場投資法人等の発行する「特定有価証券」やこれに係るオプションが上場または登録されている場合には、当該上場の廃止や当該登録の取消しは、投資口の流動性を著しく低下させることになります。このことは、その投資法人の投資口の価格に悪影響を及ぼす可能性があります。このような理由から、特定有価証券または特定有価証券に係るオプションの上場の廃止または登録の取消しの原因となる事実の発生を重要事実としたのです。なお、この発生事実についても、軽微基準も定められています。

　(ハ)　上記(イ)または(ロ)に掲げる事実に準ずる事実として政令で定める事実

　上記(イ)または(ロ)に掲げる事実に準ずる事実として政令で定める事実には、①財産権上の請求に係る訴えが提起されたことまたは当該訴えについて判決があったことや②この訴えに係る訴訟の全部もしくは一部が裁判によらずに完結したことなどが定められています。

　上場会社等の場合と同様に、これらの発生事実についても、軽微基準も定められています。

(4)　上場投資法人等における決算情報の修正事実

(a)　決算情報の対象は「上場投資法人等」です

　上場投資法人等における決算情報の修正事実とは、①上場投資法人等における営業収益等（営業収益、経常利益または純利益）②金銭の分配について、公表がされた直近の予想値（当該予想値がない場合は、公表がされた前営業期

間（投信法129条2項に規定する営業期間をいいます）の実績値）に比較して当該上場会社等が新たに算出した予想値または当営業期間の決算において差異が生じたことという事実です（金商法166条2項11号）。基本的な考え方は、上場会社等の場合と同じです。

(b) 決算情報の修正事実のなかで重要なものだけが、重要事実になります

上場投資法人等における決算情報の修正事実についても、上場会社等の場合と同じように、重要基準が定められています。

(5) 上場投資法人等に係る投資者の投資判断に著しい影響を及ぼす事実

①決定事実、②発生事実、③決算情報の修正事実に該当しない事実であっても、当該上場会社等の運営、業務または財産に関する重要な事実であって投資者の投資判断に著しい影響を及ぼす事実を包摂するバスケット条項となっています（166条2項14号）。基本的な考え方は、上場会社等と同じです。

5　上場投資法人等の資産運用会社を対象とする重要事実とは何か

(1) 上場投資法人等の資産運用会社を対象とする重要事実の特徴

(a) 資産運用会社が情報の発生源です

前述のように、資産運用会社が投資法人の資産運用を行います。資産運用会社の運用に変化があれば、投資法人の投資口の価格に影響が及びます。そのため、上場投資法人等の資産運用会社を対象とする重要事実が定められているのです。言い換えれば、情報の発生源は、資産運用会社です。

(b) 上場投資法人等の資産運用会社を対象とする重要事実は、2種類あります

上場投資法人等の資産運用会社を対象とする重要事実とは、①資産運用会社の決定事実、②資産運用会社の発生事実です。以下で、概観しましょう。

(2) 資産運用会社の決定事実

(a) 決定事実とは、上場投資法人等の資産運用会社の業務執行を決定する機関が、決定した事実です

資産運用会社の決定事実とは、上場投資法人等の資産運用会社の業務執行を決定する機関が、上場投資法人等に関して法が定めた事項について、①決定をしたこと、または、②公表された決定事項を行わないことを決定したことです（166条2項12号）。決定事実の発生源は、資産運用会社であることに留意が必要です。

(b) 決定事実は、7つの事実に分けられます

法が定めた事項とは、(イ)当該上場会社等から委託を受けて行う資産の運用であって、当該上場会社等による特定資産の取得もしくは譲渡または貸借が行われることとなるもの、(ロ)当該上場会社等と締結した資産の運用に係る委託契約の解約、(ハ)株式交換、(ニ)株式移転、(ホ)合併、(ヘ)解散（合併による解散を除きます）、(ト)上記(イ)～(ヘ)に掲げる事項に準ずる事項として政令で定める事項です。これらの重要事実は、投資法人の場合と異なるので、以下で概観しましょう。

(イ) 当該上場会社等から委託を受けて行う資産の運用であって、当該上場会社等による特定資産の取得もしくは譲渡または貸借が行われることとなるもの

これは、資産運用会社が、特定資産の取得・譲渡または貸借に関する決定を行うことです。特定資産の取得・譲渡または貸借によって、特定資産の構成やそれに伴う収益力を変更します。そして、特定資産の構成やそれに伴う収益力の変更は、特定資産自体の価値や特定資産の運用状況に影響を与えます。このことは、投資法人の資産運用にも波及しますから、投資法人の発行する「特定有価証券等」の価値が変動する可能性があります。つまり、特定資産の取得・譲渡または貸借が行われた場合、「特定有価証券等」の価値が変動する可能性があるのです。そのため、特定資産の取得・譲渡または貸借

に関する決定を重要事実としたのです。

　㈹　当該上場会社等と締結した資産の運用に係る委託契約の解約

　これは、資産運用会社が、当該上場会社等と締結した資産の運用に係る委託契約の解約を決定することです。資産運用会社が、資産運用会社と締結した資産の運用に係る委託契約の解約を決定すれば、資産運用会社が変更されることになります。資産運用会社が変更されれば、資産運用の方針や方法も変更されることになります。そのため、資産運用の方針等の変更が、投資法人の投資口価格に影響を及ぼす可能性があります。そこで、資産運用会社における「当該上場会社等と締結した資産の運用に係る委託契約の解約」の決定が、重要事実とされたのです。

　㈨　株式交換、㈩株式移転、㈺合併

　株式交換、株式移転、合併は、いずれも、資産運用会社を支配する者の変更が生じて、資産運用の対象や方針等が変更されるなどの影響が生じる可能性があります。このような資産運用会社の運営等の変更は、資産運用にも変化をもたらす可能性があります。そこで、これらの事項の決定を重要事実としたのです。

　㈻　解散（合併による解散を除きます）

　これは、資産運用会社の解散に関する事項です。資産運用会社の解散は、その資産運用会社による資産運用ができなくなることを意味します。そのため、資産運用も変化しますから、投資法人の投資口の価格にも影響を及ぼします。そこで、資産運用会社の解散に係る決定事実を重要事実としたのです。

　㈼　上記㈠～㈻に掲げる事項に準ずる事項として政令で定める事項

　政令で定める事項の例として、資産運用会社の①会社分割や②事業譲渡などがあげられています。なお、上記の決定事実の一部については、軽微基準が定められています。

(3) 資産運用会社の発生事実

⒜ 発生事実とは、資産運用会社に生じた登録の取消しなどの事実です

　資産運用会社の発生事実とは、㈱資産運用会社における登録の取消し、資産運用に係る業務の停止の処分など、㈹特定関係法人の異動、㈠主要株主の異動、㈡上記㈱～㈹に掲げる事実に準ずる事実として政令で定める事実が発生することです（166条2項13号）。

⒝ 発生事実は、4つの事実に分けられます

　㈱　資産運用会社における登録の取消し、資産運用に係る業務の停止の処分など

　資産運用会社における登録の取消しや資産運用に係る業務の停止の処分が行われると、その資産運用会社が資産運用を継続することは、不可能または著しく困難となります。そのため、投資法人の投資口の価格に影響を及ぼすことになります。

　㈹　特定関係法人の異動

　特定関係法人とは、資産運用会社を支配する会社などを意味します。特定関係法人の異動は、その資産運用会社における資産運用に重大な影響を及ぼす可能性があります。

　㈠　主要株主の異動

　主要株主とは、自己または他人の名義をもって総株主等の議決権の100分の10以上の議決権を保有している株主をいいます（163条1項カッコ書）。主要株主の異動も、その資産運用会社における資産運用に重大な影響を及ぼす可能性があります。このように、投資法人の投資口の価格に影響を及ぼすおそれのある事項の発生を重要事実としているのです。

　㈡　上記㈱～㈹に掲げる事実に準ずる事実として政令で定める事実

　政令で定める事実の例として、①財産権上の請求に係る訴えが提起されたことまたは当該訴えについて判決があったことや②この訴えに係る訴訟の全部もしくは一部が裁判によらずに完結したことなどが定められています。

上場会社等の場合と同様に、これらの発生事実についても、軽微基準も定められています。
　なお、上記の決定事実や発生事実に該当しない場合であっても、当該上場会社等の運営、業務または財産に関する重要な事実であって投資者の投資判断に著しい影響を及ぼすものであれば、バスケット条項（166条2項14号）に該当する重要事実となる可能性があります。

第 2 章

内 部 者

1996年8月3日付日本経済新聞朝刊によれば、大証二部上場の日本織物加工株をめぐるインサイダー取引事件で、証券取引等監視委員会は2日、弁護士、A容疑者（53）＝証券取引法違反容疑で逮捕＝を同法違反（インサイダー取引）の罪で東京地検に告発した。A容疑者は日本織物の増資が公表される前に、知人の名義を借りて同社株11万3000株を、また別の知人に指図して3万株を購入したとされる。企業の内部情報を容易に知り得る弁護士のインサイダー取引を摘発、刑事責任を追及するのは初めて。
　東京地検特捜部がA容疑者を逮捕した容疑事実は知人名義の借名取引の分だけだったが、証券監視委は「指図取引」の3万株もインサイダー取引に当たるとして告発した。

◆**日本織物加工事件**

　現役の著名な弁護士がインサイダー取引を理由に逮捕され世の中に衝撃を与えた事件です。日本織物加工という会社が、経営不振から親会社の支援を受けることとし新株発行による第三者割当増資をしようとしていたところ、親会社の監査役である弁護士が、知人の名義で日本織物加工の株式を買ったので摘発されたのです。内部者とは、株式等の発行会社の関係者だけではなく、かなりの広がりをもった概念であることに注意してください。

1　内部者（インサイダー）は、2つの種類に分けられます

　内部者（インサイダー）に当たる人は、重要事実が公表されるまで、特定有価証券等の売買等（以下、単純化して「証券の取引」とします）が禁止されます。そのため、「内部者とはだれか」という問題は、規制を受ける人の範囲に影響を与えます。

　インサイダー取引規制の対象となる内部者とは、①会社関係者と②情報受領者です【図2－1】。①会社関係者には、(a)会社の内部にいる狭い意味での内部者、(b)会社の外部にいる者ですが、会社と密接な関係をもつ者（準内部者）がいます。そして、②会社関係者（上記①）から重要事実の伝達を受けた者が情報受領者です。いずれも、重要事実を知って取引をした場合、インサイダー取引に該当します。

　典型的な例で説明しましょう。東京証券取引所に発行する株式を上場しているA社が株式の発行を決定したとします。この決定を取締役会に出席して、A社による株式の発行の決定という事実を知った取締役Bは、その職務に関して重要事実を知ったことになります。そのため、A社の取締役Bは、内部者（上記①(a)）です。

　次に、A社と顧問契約を締結している弁護士Cが、この顧問契約に基づいて法律相談を受けた場合に、A社による株式の発行の決定という事実を知った場合、その職務に関して重要事実を知ったことになります。そのため、弁護士Cは、準内部者（上記①(b)）に該当します。

【図2－1】　内部者

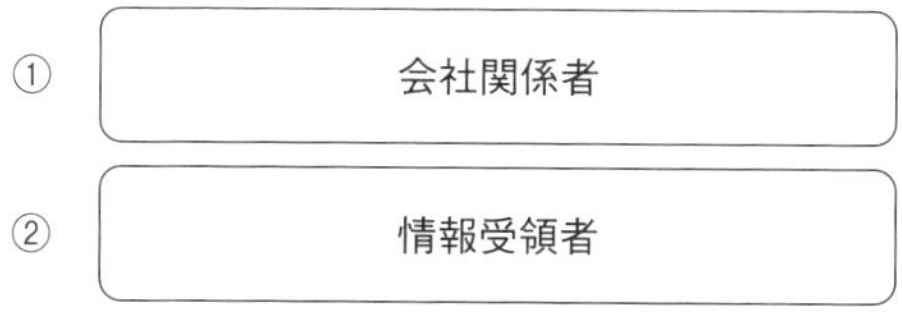

① 会社関係者
② 情報受領者

そして、A社による株式の発行の決定という事実を知った取締役Bから、この事実の伝達を受けたDは、会社関係者であるBから重要事実の伝達を受けているので、情報受領者（上記②）となります。

2 未公表の重要事実を利用していなくても、インサイダー取引になります

　未公表の重要事実を「知った」とは、未公表の重要事実を知っているという意味で、未公表の重要事実を「知った」者が、未公表の重要事実を利用して取引をする必要はありません。そして、未公表の重要事実を「知った」とは、「ある事実を、未公表の重要事実であろう」と考えることで足りると解されます。また、軽微基準や重要基準についても、「軽微基準や重要基準を超えるであろう」という認識があれば足りると解されています。
　ここでは、まず、未公表の重要事実を「知った」という要件と「利用した」という要件の違いを確認します。次に、認識内容について説明します。

(1) 「知った」という要件と「利用した」という要件の違い

　金商法は、内部者が、未公表の重要事実を、その者の職務等に関し「知った」ときに、その事実が未公表の段階で、証券の取引を行うことを禁止しています（166条1項）。ここで注意すべき点があります。それは、内部者が、未公表の重要事実を知って証券の取引をしさえすれば、インサイダー取引に該当するということです。言い換えれば、未公表の重要事実を証券の取引に「利用した」ことまでは要求されていないということです。
　「未公表の重要事実を**利用**して証券の取引をした」というためには、未公表の重要事実に基づいて証券の取引を行うことが必要です。つまり、未公表の重要事実の利用と証券の取引との間に因果関係が必要となります。これに対して、「未公表の重要事実を**知って**証券の取引をした」という場合には、知ったことと無関係の動機に基づいて証券の取引を行った場合も含まれま

【図2-2】「知つた」と「利用した」

す。つまり、証券の取引より前に、未公表の重要事実を知っていれば足り、未公表の重要事実を利用して取引が行われたかという因果関係は問題とならないのです。重要事実を「知つた」という要件を採用することによって、画一的な規制が可能となるのです（【図2-2】「知つた」と「利用した」の関係）。

　未公表の重要事実を知ってしまった以上、この事実が公表されるまで証券の取引を禁止するのが、インサイダー取引の規制です。このため、未公表の重要事実を「知つた」場合には、一律に取引禁止の対象となります。このような原則を貫徹すると、社会的に有用な取引も禁止されます。これは、過剰規制です。そのため、金商法は、取引の実態に応じて、適用除外を定めています（166条5項）。

(2) 「知つた」という要件について

　(イ)　事実の一部を知った場合も、「知つた」とされます

　インサイダー取引の規制の対象となる会社関係者は、「重要事実を……知つたもの」です。会社関係者には、投資者の投資判断に影響を及ぼすべきその事実の内容の一部を知った者を含むと理解されています（横畠裕介『逐条解説インサイダー取引規制と罰則』（商事法務研究会、1989年）35頁）。その理由は、当該事実の一部であっても、このような事実の一部すら知りえない一般の投資者との関係において、特権的立場に立つからです（横畠・前掲35頁）。

　(ロ)　未公表の重要事実であろうという認識があれば、「知つた」とされます

　次に、「知つた」という要件を満たす認識の程度が問題となります。これ

は、どのような認識があれば、「知つた」ことになるのか、という問題です。対象となる事実について、未公表の重要事実であろうという認識があれば、「知つた」という要件を満たすとされています。

たとえば、東京証券取引所に株式を上場しているA社における「株式の発行」の決定という事実について、「この事実は、未公表の重要事実であろうと思った」という認識があれば、「知つた」という要件を満たすのです。なぜなら、この程度の認識でも、A社の株式の売り買いをしようとする投資判断に影響を及ぼすからです。

(3) 軽微基準・重要基準の認識は程度問題です

重要事実のなかには、「投資者の投資判断に及ぼす影響が軽微なものとして内閣府令で定める基準」である軽微基準や、「投資者の投資判断に及ぼす影響が重要なものとして内閣府令で定める基準」である重要基準が定められているものがあります。このような事実は、軽微基準を超えた事実や重要基準に該当する事実が、業務等に関する重要事実に該当することになります。ここで、このような軽微基準・重要基準と「知つた」という要件との関係が問題となります。

まず、軽微基準についてです。軽微基準が定められた重要事実については、軽微基準を超える事実の認識があれば、その重要事実を「知つた」ことになります。つまり、軽微基準を超える具体的な数値の認識までは不要です。たとえば、株式の発行についての決定を「知つた」ということは、①株式の発行についての決定が行われた事実の認識と②その株式の発行に関する払込金額の総額が1億円以上であると見込まれるかもしれないという認識で十分です（166条2項1号イ）。

次に、重要基準についてです。たとえば「売上高」の場合には10％の差異の発生が重要基準になります（取引規制府令51条1号）。たとえば、A社の「売上高」について、A社が公表した直近の予想値と当該事業年度の決算において差異が生じた場合を考えましょう。この場合、①A社の「売上高」に

ついて、A社が公表した直近の予想値と当該事業年度の決算において差異が生じたという認識と、②その差異が10％以上になるかもしれないという認識があれば、「知った」ことになります。また、売上高に対する差異が9〜10％の幅で生じそうだという予測も、10％の差異を含むことから、上記②の認識に該当します。

このように、軽微基準・重要基準については「程度問題」となるので、「○○％以上になるかもしれない」という認識で足りることに留意しなければなりません。

3 会社関係者は、6つの種類に分けられます

会社関係者は、(1)当該上場会社等の役員等、(2)①当該上場会社等に対して会計帳簿閲覧謄写請求権を有する株主・社員およびその役員・代理人・使用人および②上場投資法人に対して会計帳簿閲覧謄写請求権を有する投資主・親法人の投資主、(3)当該上場会社等に対して法令に基づく権限を有する者、(4)当該上場会社等と契約を締結している者またはその交渉をしている者、(5)上記(2)と(4)の者が法人である場合には当該法人の役員等、(6)元会社関係者です。

なお、金商法166条1項は、上場会社等自らが行う買付け等を禁止の対象とはしていません。そのため、会社関係者には、上場会社等自体は含まれません。

(1) 当該上場会社等の役員等は内部者となります

当該上場会社等の役員等がその職務について未公表の重要事実を知った場合に、内部者となります。

⒜ 当該上場会社等の役員等とは、①役員、②代理人、③使用人その他の従業者です

　この場合の「上場会社等」とは、①当該上場会社等の親会社と子会社、②当該上場会社等が上場投資法人等である場合においては、当該上場会社等の資産運用会社およびその特定関係法人を含むとされています（166条1項1号）。そして、「役員等」とは、①役員、②代理人、③使用人その他の従業者をいいます（同号）。そして、「役員」とは、代表取締役、代表取締役以外の取締役、会計参与（会計参与が法人であるときは、その社員）、監査役を意味します。

　「代理人」とは、当該上場会社等の業務に関する代理権を与えられた者のことです。典型的な例として、業務に関する一定の代理権を与えられた弁護士があげられます。「使用人その他の従業者」とは、実際に当該上場会社等の業務に従事している者をいいます。そのため、当該上場会社等の業務に従事していれば、パート、アルバイトや派遣社員も該当します。

　判例によれば、「役員、代理人、使用人その他の従業者」とは、「当該上場会社等の役員、代理人、使用人のほか、現実に当該上場会社等の業務に従事している者を意味し、当該上場会社等との委任、雇用契約等に基づいて職務に従事する義務の有無や形式上の地位・呼称のいかんを問わないもの」と解しています（最決平成27年4月8日刑集69巻3号523頁）。そのため、現実に当該上場会社等の業務に従事している者も、「役員、代理人、使用人その他の従業者」に含まれます。

⒝ 「その者の職務に関し知つたとき」とは、職務行為と密接に関連する行為により知った場合を含みます

　「その者の職務に関し知つたとき」という要件は、①職務行為自体により知った場合のほか、②職務行為と密接に関連する行為により知った場合も含むと理解するの一般的です。職務行為とは、その役員等に当たる者の地位に応じた任務として取り扱うべきいっさいの執務を意味します。そのため、現に具体的に担当している必要はありません。

このように理解する理由は、次のとおりです。上場会社等の役員等は、通常の投資者と比較した場合、発行者である当該上場会社等の情報に容易に接することができる立場にあります。このような「特権的地位」に関連して知りえた未公表の重要事実に基づけば、当該上場会社等に係る特定有価証券の価格変動を正確に予測することができます。つまり、「特権的地位」にある者は、通常の投資者よりも有利な取引を行うことが可能となるのです。一般の投資者からみれば、「特権的地位」にある者によるこのような取引に対する不公平感はぬぐえません。そこで、「その者の職務に関し知つたとき」という要件は、このような不公平感を解消する程度に広く解釈する必要があります。このため、上記のように、「職務に関し」という意味は、①職務行為自体に加えて、②職務行為と密接に関連する行為も含むとされたのです。また、職務行為とは、実際に担当している事務か否かを問わずに、その者の地位に応じた任務として取り扱うべきいっさいの執務を意味すると解されているのも同じ理由からです。

　課徴金納付命令が発出された事例のなかには、上場会社A社が会社更生手続開始の申立てを行うことについて決定した旨の重要事実について、A社の担当者が会社更生手続開始の申立て後の留意点を各現場にすみやかに連絡するためのメールを準備していたところ、当該メールが誤って送信されたことにより、当該重要事実を知った場合も、「その職務に関して知つた」と認定されたものがあります（証券取引等監視委員会事務局「金融商品取引法における課徴金事例集」（平成22年6月）事例7）。「その職務に関して知つた」という要件は、会社の役員等として会社の業務に従事しているがゆえに、いまだ一般の投資者には知られていない情報を知っているか否かという観点から、常識的に判断するべきでしょう。

⑵　株主等は会計帳簿閲覧謄写請求権を行使して重要事実を知ると内部者になります

　株主等が内部者となるのは、①当該上場会社等に対して会計帳簿閲覧謄写

請求権を有する株主・社員およびその役員・代理人・使用人が、その帳簿閲覧権を行使して未公表の重要事実を知った場合と、②上場投資法人に対して会計帳簿閲覧謄写請求権を有する投資主・親法人の投資主が、その帳簿閲覧権を行使して未公表の重要事実を知った場合があります（166条1項2号および2号の2）。

(a) 人的範囲

当該上場会社等に対して会計帳簿閲覧謄写請求権を有する株主・社員およびその役員・代理人・使用人とは、①当該上場会社等に対して、会計帳簿閲覧謄写請求権を有する株主、②優先出資法に規定する普通出資者のうちこれに類する権利を有するもの、③会計帳簿閲覧謄写請求権を有する親会社の社員、④上記①～③の者が法人である場合には役員等のことを意味します。

また、上場投資法人に対して会計帳簿閲覧謄写請求権を有する投資主・親法人の投資主とは、当該上場会社等の投資主や親法人の投資主などを意味します。

(b) 「当該権利の行使に関し知つたとき」という要件

「当該権利の行使に関し知つたとき」とは、①株主等として、会計帳簿閲覧謄写請求権行使の結果として重要事実を知った場合はもちろん、②会計帳簿閲覧謄写請求権を行使するための準備・調査・交渉の過程など、当該権利行使に密接に関連する行為により重要事実を知った場合も含まれると理解されています。この点は、「その者の職務に関し知つたとき」と同じ理解です。また、権利行使する株主等が法人である場合には、現実に当該権利を行使して会計帳簿等を閲覧した担当者が重要事実を知った場合に限られず、当該担当者から閲覧請求権の行使結果等について報告を受けるべき立場にある者が当該報告により知った場合も含まれます。

(3) 法令上の権限を有する者は法令上の権限を行使して重要事実を知ると内部者になります

法令上の権限を有する者とは、当該上場会社等に対して法令に基づく権限

を有する者です。法令上の権限を有する者は、当該権限の行使に関して、未公表の重要事実を知ったときに、内部者になります（166条1項3号）。

(a) 人的範囲

　法令上の権限を有する者とは、法令に基づくなんらかの権限を有する者を意味します。そのため、当該上場会社等に対して許可、認可や免許等の権限を有する者がこれに当たります。注意しなければならないのは、法令上の権限を有する者は、公務員に限定されるわけではありません。そのため、弁護士法に基づいて当該上場会社等に対して照会を行う弁護士も含まれます。

　また、法令上の権限を有する者を会社関係者とする趣旨は、当該権限の行使によって発行者である当該上場会社等の重要事実を知りうる立場にある者にインサイダー取引規制を課すことにありますから、法令上の権限を有する者は、①法令によって直接その権限を与えられている者はもちろん、②当該権限を有する者の部下として当該権限行使に関与する者や③当該権限を有する者から職務上報告を受ける上司も含まれます。

(b) 「当該権限の行使に関し知つたとき」という要件

　「当該権限の行使に関し知つたとき」とは、①当該権限の行使の結果として重要事実を知った場合はもちろん、②当該権限を行使するための準備・調査・交渉等の過程など、当該権限の行使に密接に関連する行為によって知った場合も含まれます。

(4) 契約締結者等は契約の締結等に関して重要事実を知ると内部者になります

　契約締結者・契約交渉者とは、①当該上場会社等と契約を締結している者または②その交渉をしている者です。契約締結者・交渉者が、当該契約の締結もしくはその交渉または履行に関して、未公表の重要事実を知ったときに、内部者となります（166条1項4号）。

(a) 人的範囲

　契約締結者とは、契約の種類・内容・形式にかかわらず、当該上場会社等

と契約を締結している者を意味します。この場合の契約は、当該上場会社等の未公表の重要事実を知ることが契約の内容に含まれるものに限られません。そのため、当該上場会社等の重要書類の印刷を請け負う者なども含まれます。また、契約交渉者は、当該上場会社等と契約締結の交渉をしている者です。もっとも、ここでいう「契約」には、「当該上場会社等の役員等以外のもの」という要件があるため、契約当該上場会社等との雇用契約は除外されます。

契約締結者・契約交渉者には、①契約締結を行っている者や契約の交渉を行っている者はもちろん、②その部下や③報告を受ける上司も含まれます。

(b) 「当該契約の締結若しくはその交渉又は履行に関し知つたとき」という要件

「当該契約の締結若しくはその交渉又は履行」とは、①契約の交渉・締結行為または履行行為自体により知った場合のほか、②契約の交渉・締結行為または履行行為のための準備・調査・交渉等の過程など、当該契約の交渉・締結行為または履行行為に密接に関連する行為により知った場合も含まれることになります。

(5) 株主等や契約締結者が法人であれば、その法人の役員等も内部者になります

株主等や契約締結者として、法人が、未公表の重要事実を知ることがあります。このことを念頭に、株主等や契約締結者であって「法人であるもの」と規定しているのです。たとえば、上場会社であるA社と契約を締結しているB法人の役員等であるXが、その未公表の重要事実を知ったとします。Xが、B法人の他の部署の役員等であるYに、その職務を通じて、その未公表の重要事実を知らせるなど情報を共有することがあります。この場合のYを、契約締結者であって「法人であるものの役員等」として規制の対象としているのです（166条1項5号）。

なぜならYにもインサイダー取引規制の対象に含めなければ、未公表の重

要事実を知ったB法人は、担当者以外の役員等にA社の証券の取引をさせることにより、インサイダー取引の規制を免れることができるからです。そこで、株主等や契約締結者であって「法人であるものの役員等」を内部者に含めたのです。

なお、「その者の職務に関し知ったとき」は、前述したとおりです。

(6) 元会社関係者とは、会社関係者でなくなってから1年以内の者をいいます

元会社関係者とは、当該上場会社等に係る業務等に関する重要事実を、その職務に関して等により知った会社関係者であった後1年以内のものを意味します（166条1項柱書）。つまり、辞職などによって会社関係者でなくなった者が、元会社関係者に当たります。元会社関係者に対するインサイダー取引規制の網をかけないと、会社関係者でなくなれば直ちに取引をしてもよいことになり、不都合があるからです。

元会社関係者に対するインサイダー取引の規制は、会社関係者でなくなってから1年間継続します。1年という規制期間は、未公表の重要事実が、通常、1年内に公表されることを前提にしています。

4 情報受領者とは、会社関係者から業務等に関する重要事実の伝達を受けた者です

情報受領者とは、①会社関係者から業務等に関する重要事実の伝達を受けた者、または、②職務上当該伝達を受けた者が所属する法人の他の役員等であって、その者の職務に関し当該業務等に関する重要事実を知ったものです（166条3項）。前述のように、上場会社であるA社が株式の発行を決定した場合、この事実を職務に関して知っている会社関係者である取締役Bから、この事実の伝達を受けたDは、会社関係者であるBから重要事実の伝達を受けているので、情報受領者となります。

(1) 伝達は、伝達の相手方に重要事実を認識させることです

　伝達とは、伝達の相手方に重要事実を認識させることです。そのため、伝達方法は、伝達の相手方に重要事実を認識させるものであれば、どのような手段でもかまわないことになります。そのため、たとえば、未公表の重要事実を書いた書類をわざと伝達の相手方の机に置き忘れる行為も、伝達に当たります。

(2) 伝達される対象は法が定めた「未公表の重要事実」です

　伝達される対象は、法が定めた「未公表の重要事実」です（166条2項。重要事実の詳細については、第1章を参照してください）。ここで、未公表の重要事実の一部が伝達された場合、「未公表の重要事実」の伝達に当たるのか、という問題が生じます。

　例をあげて、説明しましょう。上場会社であるA社が、20XX年9月に、払込金額1億円以上の「株式の発行」をすることを決定したとします。この場合、**未公表の重要事実の一部**というものには、さまざまなものが考えられます。

　まず、「A社が『株式の発行』をすることを決定した」という事実も、未公表の重要事実の一部となります。この事実からは、発行時期や発行規模はわかりませんが、一般の投資者によるA社の投資判断に影響を及ぼすことは明らかです。そのため、軽微基準に該当しないことが明白な客観的事情がない限り、「A社が株式の発行をする決定をした」という事実は、未公表の重要事実の一部ですが、法が定めた「未公表の重要事実」に当たります。

　次に、「ある会社が、20XX年9月に、払込金額1億円以上の『株式の発行』をすることを決定した」という事実について、検討しましょう。この事実からは、「株式の発行」を行う主体がA社であることはわかりません。そのため、この事実の伝達を受けた者が、「株式の発行」を行う主体を知りえない場合には、インサイダー取引の対象となる「銘柄」がわからないので、

法が定めた「未公表の重要事実」に当たらないと考えられます。他方、この事実の伝達を受けた者が、伝達をした会社関係者がＡ社の従業員であることなどの状況を分析することによって、「株式の発行」を行う主体を知りうる場合には、このような「銘柄」がわからない事実であっても、法が定めた「未公表の重要事実」に当たることもあります。このように、未公表の重要事実の一部が、法が定めた「未公表の重要事実」に当たるか否かは、実質的な判断が必要となります。なぜなら、上記の例であれば、「銘柄」がＡ社株式であることが明らかである場合に、インサイダー取引の規制を免れるために、会社関係者が伝達する際に故意に「Ａ社」であることを伝達しないことがありうるからです。

　このように、伝達された事実が、部分的・断片的なものであった場合、伝達を受けた相手方が欠けている情報を推測できるときには重要事実の伝達に当たり、そうでない場合には、重要事実の伝達に当たらないと整理することができます。

(3) 「伝達を受けた」とは、伝達の相手方が伝達された未公表の重要事実を認識している場合です

　情報受領者とは、未公表の重要事実の「伝達を受けた」者です。ここで、「伝達を受けた」という意味が重要になります。

　「伝達を受けた」というためには、伝達の相手方が、伝達された未公表の重要事実を認識している必要があります。このため、たとえば、会社関係者Ｘが未公表の重要事実であるＡという事実をＹに伝達したと考えても、伝達の相手方であるＹが「会社関係者Ｘから未公表の重要事実であるＡという事実を伝達されたこと」を知らなければ、「伝達を受けた」ことになりません。

　また、伝達の相手方が以前からある重要事実を知っていた場合でも、その重要事実の伝達を別途受けた場合には、情報受領者になります。

第3章

禁止行為

2012年8月1日付日本経済新聞朝刊によれば、証券取引等監視委員会は31日、企業の公募増資を巡るインサイダー取引問題で、企業情報の管理が不十分だったとして、金融商品取引法に基づき野村証券を処分するよう金融庁に勧告した。これを受け金融庁は近く、同社に対して内部管理や法令順守の体制見直しを求める業務改善命令を出す。

　監視委は4月末から野村に対して特別検査を実施。それによると野村社内には「社内ルールは万全だという過信」（監視委幹部）があり、不公正取引を防止するための十分なチェック体制を敷いていなかった。

　担当者が情報を漏らしていた機関投資家営業部には収益第一主義の風潮があり、社内の情報の壁を越えて未公表情報を頻繁に伝達していた。その上で、取得した法人情報を顧客に提供して、売買を勧誘する金商法違反行為もあった。

◆増資インサイダー取引事件

　インサイダー取引規制は、重要事実を一般の投資家よりも先んじて知る立場にある者に対し、その立場を利用して不当な利益を得させることを防止する制度です。規制で禁止される行為とは、売買などの取引はもちろんですが、それにはとどまらないことに十分注意してください。

　リーマンショック後の2010年頃、わが国では、景気後退への対策として、資本増強を目論む大型の公募増資が相次ぎました。一般に、増資の発表がなされると、将来の株式の希釈化がマイナス要因と評価され、株価が下がります。しかし増資の公表前に、株価が下落し、インサイダー規制違反として摘発されるケースがこの時期目立ったのです。こうした一連の増資インサイダー取引事件を受けて、単に重要事実を知って売買などの取引をするだけではなく、他人に取引を推奨したり、情報提供をする行為も規制されるに至りました。

1　禁止行為は、3つの種類に分けられます

　重要事実の公表前に、当該上場会社等の特定有価証券等の売買等を行うことを禁止されています（166条1項）。また、会社関係者は、上場会社等に係る業務等に関する重要事実に係る情報伝達行為・取引推奨行為も禁止しています（167条の2第1項）。

2　特定有価証券等の売買等の禁止は、3つの種類に分けられます

　特定有価証券等の売買等の禁止とは、上場会社等と一定の関係にある者が業務等に関する重要事実を知った場合、重要事実が未公表の段階において、その者が、当該上場会社等の特定有価証券等の①売買その他の有償の譲渡・譲受け、②合併または分割による承継、③デリバティブ取引をしてはならないことを意味します（166条1項）。その趣旨は、投資者の投資判断に影響を及ぼすべき発行者の業務等に関する事実が未公表の段階において、発行者と一定の関係にある者の証券の取引を禁止するものです。

　禁止行為を理解するうえで、「特定有価証券等」という概念と「売買等」という概念が重要となります。以下で簡単に説明しましょう。

(1)　「特定有価証券等」とは、「特定有価証券」と「関連有価証券」です

　「特定有価証券等」とは、「特定有価証券」と「関連有価証券」を統合する概念です【図3-1】（163条1項カッコ書）。インサイダー取引の対象となるのが、「特定有価証券等」です。

(a)　特定有価証券

　「特定有価証券」とは、①上場会社等の**社債券**、②優先出資法に規定する

【図3－1】 特定有価証券等

【図3－2】 特定有価証券とは何か

優先出資証券、③株券・新株予約権証券、④投信法に規定する投資証券、新投資口予約権証券・投資法人債券または外国投資証券、⑤外国の者の発行する証券・証書です（163条1項、施行令27条の3）【図3－2】。

　上記の①社債券、②優先出資証券、③株券・新株予約権証券と④投資証券等は、「特定有価証券」における中心的な概念です。たとえば、上場会社が発行する社債券であれば、当該社債券が上場されていない場合でも、「特定有価証券」に該当し、その売買等はインサイダー取引規制の対象となることに注意が必要です。その理由は次のようなものです。有価証券の取引所への上場はその銘柄ごとに行われます。A社が、その発行する株券のみを上場し、社債券を上場していない場合を考えましょう。A社が解散することを決定したという未公表の重要事実が生じた場合、この重要事実は、株券に対する投資判断にも、社債に対する投資判断にも影響を与えます。このように、同じ重要事実が投資判断に影響を与えるにもかかわらず、会社関係者等によ

る上場されたA社の株券に対する取引が禁じられ、上場されていないA社の社債に対する取引は自由に行えるとすることは、不均衡です。規制の実効性を確保するために、上場会社等が発行する上場されていない有価証券についてもインサイダー取引規制の対象としたのです。

上記⑤の外国の者の発行する証券・証書は、日本の金融商品取引所に上場されているなどの場合には、わが国の証券市場等に対する信頼を確保するの観点から、インサイダー取引規制の対象となります。

(b) 関連有価証券

「関連有価証券」は、非常に複雑なかたちで規定されています（詳細は、施行令27条の4を参照してください）。簡略化して説明すると、「関連有価証券」とは、①受益証券、②投資証券等、③オプションを表示する証券・証書（カバード・ワラント）、④預託証券、⑤有価証券信託受益証券、⑥他社の発行する社債券、⑦外国の者の発行する前記⑥の有価証券です【図3－3】。いずれの証券も、上場会社等が発行する特定有価証券に関連性があります。「関連有価証券」は、大別すると、その有価証券の価値が特定有価証券に依存するグループ（上記①、②、④、⑤）と、その有価証券により特定有価証券を取得することができるグループ（上記③、⑥、⑦）で構成されているのです。このように、「関連有価証券」は「特定有価証券」と密接な関連性があることから、市場に対する信頼性を確保するために、いずれの「関連有価証券」についてもインサイダー取引の規制を及ぼす必要があるのです。

【図3－3】 関連有価証券

(2) 売買等は、3つの種類に分けられます

　インサイダー取引として禁止される行為は、上場会社等の特定有価証券等に係る「売買等」です。この「売買等」とは、当該上場会社等の特定有価証券等を対象とする①売買その他の有償の譲渡・譲受け、②合併・分割による承継、③デリバティブ取引を意味します【図3－4】。「売買等」が成立するためには、現実に有価証券を引き渡すことや、代金を受領することは不要と解されています。なぜなら、「売買」などの契約が成立すれば、インサイダー取引が完了するからです。

　以下で、「売買等」の内容を概観しましょう。

(a) 売買その他の有償の譲渡・譲受け

　売買その他の有償の譲渡・譲受けとは、有償で、特定有価証券等の所有権を移転することを意味します。具体的には、売買のほか、たとえば、特定有価証券等と車を交換する行為（交換）や、借りたお金を返すかわりに特定有価証券等で返済する行為（代物弁済）などが考えられます。

　他方、新規の有価証券の発行およびこれに対応する取得行為（原始取得）は「売買等」に当たらないと解されています。なぜなら、インサイダー取引は、既発行の有価証券の売買の局面で問題になるからです。また、質権の設定は、所有権の移転行為ではないことから、「売買等」に該当しません。

(b) 合併・分割による承継

　合併・分割による承継とは、①合併・分割により特定有価証券等を承継さ

【図3－4】「売買等」の意味

売買等
①売買その他の有償の譲渡・譲受け
②合併・分割による承継
③デリバティブ取引

せること、または、②合併・分割により特定有価証券等を承継することを意味します。

合併には、吸収合併と新設合併があります。吸収合併とは、Ａ社とＢ社とがする会社法上の合併で、合併により消滅するＢ社の権利義務の全部を合併後存続するＡ社に承継させるものをいいます【図３－５】。また、新設合併とは、Ａ社とＢ社とがする会社法上の合併で、合併により消滅する会社の権利義務の全部を合併により設立するＣ社に承継させるものをいいます【図３－６】。

会社の分割には、吸収分割と新設分割があります。吸収分割には、Ａ社がその事業に関して有する権利義務の全部または一部を分割後、Ｂ社に承継させることをいいます【図３－７】。新設分割とは、Ａ社がその事業に関して有する権利義務の全部または一部を分割により、設立するＢ社に承継させることをいいます【図３－８】。

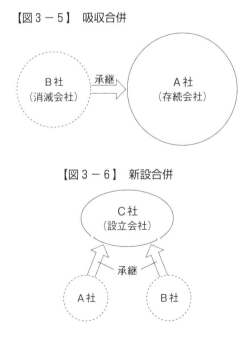

【図３－５】 吸収合併

【図３－６】 新設合併

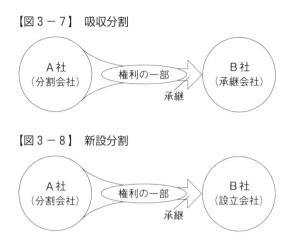

　会社の合併や分割は、会社法上の行為で、会社の権利義務を一括して承継するもの（包括承継）です。これらの行為は、売買のように個別具体的に権利義務を移転するもの（個別承継）とは異なります。つまり、売買に加えて、合併・分割による承継を「売買等」に含めておかないと、合併・分割による承継を利用したインサイダー取引を許すことになります。そこで、このような弊害をなくすために、「合併若しくは分割による承継」をインサイダー取引規制の対象としたのです。

(c)　デリバティブ取引

　金商法上の「デリバティブ取引」とは、市場デリバティブ取引、店頭デリバティブ取引、または、外国市場デリバティブ取引を意味します（2条20項）。これは、デリバティブ取引が金融商品市場において行われる取引か否か、外国金融商品市場において行う取引か否かという視点で分類するものです。

　デリバティブ取引の典型例として、①先物取引、②オプション取引、③スワップ取引があります。いずれの取引も、原資産（例：株式）の将来の価値から派生して、デリバティブ（派生）取引の価値が決まるという特徴があります。

①先物取引とは、簡略化して説明すると、あらかじめ定めた価格で、将来の一定時期に、対象となる原資産を売買するものです【図3-9】。また、原資産の転売または買戻しをしたときは差金の授受によって決済することもできます。

A社が発行する株式を対象に、先物取引の当事者であるXとYが、将来の一定の時期である20XX年10月1日において、XがA社株式をYに売却し、Yがその対価である現金10万円をXに支払うことを約する売買があるとします。先物取引は、その契約時点に、20XX年10月1日における株式の価格を予測して、契約を締結するものです。仮に、20XX年10月1日のA株式の価格が15万円であれば、Xは10万円を支払うことで、Yから15万円の価値があるA株式を取得することができます。他方、この場合、Yは5万円の損失を被りますが、A株式を10万円の対価でXに引き渡さなければなりません。

また、仮に、20XX年10月1日のA株式の価格が5万円であれば、Xは10万円を支払って、Yから5万円の価値しかないA株式を取得しなければなりません。他方、この場合、Yは、5万円の価値しかないA株式をXに引き渡して、10万円の対価を得ることができます。

先物取引の経済的価値は、原資産の価値の変動により変化します。

②オプション取引の経済的価値も、原資産の価値の変動により変化します。なお、オプションの仕組みについては、28頁の説明を参照してください。

③スワップ取引とは、将来の一定期間、金利や通貨などを交換（スワップ）

【図3-9】 先物取引

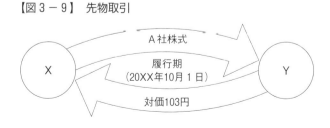

【図3-10】 スワップ取引

することを約束する取引です【図3-10】。たとえば、ドル建ての債務を負うXと円建ての債務を負うYが、スワップ取引で、その債務のキャッシュフローを交換します。スワップ取引契約時よりも履行期において、円がドルに対して「高く」なった場合（例：1ドル100円→1ドル90円）、Xはスワップ取引によって円建ての債務を負うのと類似の状態になりますから、相場の変動により利益を得ます。反対に、スワップ取引契約時よりも履行期において、円がドルに対して「安く」なった場合（例：1ドル100円→1ドル110円）、Xは相場の変動により損失を被ります。このように、スワップ取引の経済的価値は、通貨など原資産の価値の変動により変化します。上記のように、デリバティブ取引の価値は、原資産の価値の変動の影響を受けますから、デリバティブ取引もインサイダー取引規制の対象となるのです。

3　情報伝達行為や取引推奨行為も禁止されます

　禁止される情報伝達行為・取引推奨行為とは、たとえば、A社の会社関係者Xが、他人であるYに対し、A社の業務等に関する重要事実について、公表がされる前に、A社の株式の売買等をさせることによって、Yに利益を得させ、またはYの損失の発生を回避させる目的をもって、当該業務等に関する重要事実を伝達し、または当該売買等をすることを勧めることです。
　以下で説明しましょう。

【図3−11】 伝達・推奨行為

(1) 情報伝達行為とは、重要事実の内容を他人に伝える行為です

　情報伝達行為とは、重要事実の内容を、他人が知覚できるなんらかの方法により他人に伝える行為です【図3−11】。口頭や書面によるものはもちろん、電子媒体により閲覧させる方法なども含まれます。この伝達行為により伝えられうる内容は、その一部を伝えた場合であっても、伝達された重要事実の一部が伝達を受けた人が当該重要事実の概要を知りうる程度の内容であれば、「伝達」に当たります。

(2) 取引推奨行為とは、特定有価証券等に係る売買等を勧める行為です

　取引推奨行為とは、重要事実が公表される前に当該上場会社等の特定有価証券等に係る売買等を勧める行為です。取引推奨行為の有無は、行為者の言動等によって実質的に判断されますから、明示的に売買等の推奨をした場合はもちろん、他人に対して早期の売買等を促すような言動も、取引推奨行為に当たります。

(3) 禁止される情報伝達行為等には、利益目的等が必要です

　上記(1)の情報伝達行為や(2)の取引推奨行為は、日常生活でも起こりうる行為です。このような行為だけで規制するのは、規制の範囲が広範過ぎて、自由な発言ができなくなります。そこで、「他人に利益を得させ、又は他人の損失を回避させる目的」で、情報伝達行為や取引推奨行為を行った場合のみ、規制の対象となります。

「他人に利益を得させ、又は他人の損失を回避させる目的」とは、どのような目的でしょうか。

まず、第一に、情報伝達の相手方となる「他人」という概念は、特に限定はないので、自然人に限られるものではなく、法人も含まれます。第二に、「利益」や「損失」という概念は、インサイダー取引によって得られる「利益」や、発生が回避される「損失」を意味します。そのため、重要事実の公表前に売買等をさせることと無関係に発生する「利益」や、重要事実の公表前に売買等をさせることと無関係に発生が回避される「損失」は、本条の「利益」や「損失」には該当しません。

第三に、行為者の目的は、重要事実の公表前に**売買等をさせる**ことにより、他人に利益を**得させ**、または他人の損失を**回避させる**目的です。このことから、伝達者や取引推奨者が、伝達や推奨に際して、インサイダー取引による利益の取得や損失の回避という結果発生に対する積極的な意思が認められる場合に限り、「他人に利益を得させ、又は他人の損失を回避させる目的」の存在が認められるのです。そのため、たとえば、未公表の重要事実を知っている上場会社等の役職員がIR活動を行うことは、自社への投資を促すような一般的な推奨である限り、他人に対して特に**重要事実の公表前に**売買等を行わせて、**これに起因した**利益を得させるためのものではないから、他人に利益を得させる目的がないと解されます（金融庁「情報伝達・取引推奨規制に関するQ&A」（平成25年9月12日）（問3）。また、同（問7）も参照）。

なお、取引の推奨を受けた者（被推奨者）が重要事実の存在や内容を知らない場合、当該重要事実の公表前に、当該上場会社等の特定有価証券等に係る売買等を行ったとしても、被推奨者が重要事実の存在やその内容を知らないことから、規制の対象とされていません。

第4章

公　　　表

2013年4月22日付日本経済新聞朝刊によれば、造船・重機大手の川崎重工業と三井造船が経営統合に向けた交渉に入ることが21日、明らかになった。実現すれば、単純合算で連結売上高が2兆円規模と同分野で三菱重工業に次ぐ巨大企業が誕生する。造船・重機では1960年の合併で石川島播磨重工業（現IHI）が発足して以来、ほぼ半世紀ぶりの大型再編となる。造船やプラントなど幅広い分野で技術を結集し、世界競争を勝ち抜く狙いだ。

◆スクープと公表

　重要事実が公表されたら、だれでも自由に取引ができるようになります。ではスクープ報道はどうでしょう。2013年4月、川崎重工と三井造船が経営統合に向けて交渉に入ったとの報道が日本経済新聞にスクープされました。川崎重工は、その報道を受けて「そのような事実はありません」と適時開示しましたが、三井造船は、単に「当社として発表したものではありません」とだけ発表しました。ところが実際には、川崎重工のごく限られた取締役のみでなされていたのです。重要事実がストレートに適時開示されれば、それが「公表」となり、インサイダー規制が解除されるのですが、スクープ報道に対して「当社は発表していない」とだけ開示し、報道内容自体は否定しないのであれば、暗黙のうちに事実を認めたと解されてもやむをえない面があります。世の中が暗黙の了解として認めていても、いまだ「公表」はないとしてインサイダー規制をかけ続けることは妥当なのでしょうか。

1 公表があれば、インサイダー取引の規制が解除されます

業務等に関する重要事実が公表された場合には、インサイダー取引の規制が解除されます（166条4項）。インサイダー取引とは、未公表の重要事実を知った者（内部者）が、一般投資者がその事実を知らない段階で取引することです。このような未公表の事実を知っている内部者とその事実を知りえない一般投資者を比較すると、内部者のほうがその取引について著しく有利な立場にいます。このような取引を認めることが不公正だと考えられて、インサイダー取引が規制されているのです。そうだとすれば、重要事実が公表されれば、上記のような不公正さは解消されます。そのため、業務等に関する重要事実が公表された場合には、インサイダー取引の規制が解除されるのです【図4-1】。

公表の方法は、大別すると、(1)多数の者の知りうる状態に置く措置として政令で定める措置と(2)法定開示書類による公衆縦覧があります。以下で、公表の主体と公表の方法について説明しましょう。

【図4-1】 インサイダー取引規制と公表

2　公表の主体は、4種類に分けられます

　公表事実に対応して、公表を行う主体は変わります。公表を行う主体は、大別すると4つに分けられます。まず、第一に、上場会社等に関する重要事実については、当該上場会社等がその公表を行います。また、上場会社等の子会社に関する重要事実については、当該上場会社等（その子会社の親会社）または当該上場会社等の子会社がその公表を行います【図4－2】。

【図4－2】　上場会社等・上場会社等の子会社が公表主体（166条4項1号）

重要事実の種類	公表の主体
上場会社等に関する重要事実	当該上場会社等
上場会社等の子会社に関する重要事実	①当該上場会社等（当該子会社の親会社）または②当該子会社

　第二に、上場投資法人等に関する重要事実については、当該上場投資法人等がその公表を行います【図4－3】。

【図4－3】　上場投資法人等が公表主体（166条4項2号）

重要事実の種類	公表の主体
上場投資法人等に関する重要事実	当該上場投資法人等

　第三に、上場投資法人等の資産運用会社に関する重要事実については、当該上場投資法人等の資産運用会社がその公表を行います【図4－4】。

【図4－4】　上場投資法人等の資産運用会社が公表主体（166条4項3号）

重要事実の種類	公表の主体
上場投資法人等の資産運用会社に関する重要事実	当該上場法人等の資産運用会社

　第四に、①上場投資法人等に関する発生事実、②上場投資法人等の資産運

用会社に関する発生事実、③上場投資法人等のバスケット条項に該当する事実については、当該上場投資法人等または当該上場投資法人等の資産運用会社がその公表を行います【図4－5】。

【図4－5】 上場投資法人等・資産運用会社が公表主体（166条4項4号）

重要事実の種類	公表の主体
上場投資法人等に関する発生事実	①当該上場投資法人等または②当該上場投資法人等の資産運用会社
上場投資法人等の資産運用会社に関する発生事実	①当該上場投資法人等または②当該上場投資法人等の資産運用会社
上場投資法人等のバスケット条項に該当する事実	①当該上場投資法人等または②当該上場投資法人等の資産運用会社

　基本的な考え方は次のようなものです。決定事実や決算に関する事実は、公表内容の正確さを確保するために、その決定や決算を行った会社が公表をすることになります。他方、上場投資法人等および当該上場投資法人等の資産運用会社の場合には、発生事実やバスケット条項に該当する事実は、情報を迅速に公表できるものが公表を行うことになります。

3　公表方法は、2つの種類に分けられます

　業務等に関する重要事実の公表方法は、多数の者の知りうる状態に置く措置として政令で定める措置と法定開示書類による公衆縦覧があります。

(1)　多数の者の知りうる状態に置く措置として政令で定める措置

　多数の者の知りうる状態に置く措置として政令で定める措置は、①報道機関に対して公開する方法((a))と②金融商品取引所における公衆縦覧があります。

(a) 報道機関に対して公開する方法による公表とは何か

　法定の報道機関に対して重要事実を公開して、報道機関に対して公開した後12時間経過した場合、重要事実が公表がなされたことになります。

　(イ)　報道機関に対して公開するとはどのようなことか

　報道機関に対して公開するとは、法定の報道機関に業務等に関する重要事実や公開買付け等事実を伝える行為です。

　(ロ)　公開と公表はどのような関係になるのか

　「公開」と「公表」は異なります（施行令30条）。「公開」は、「公表」を構成する１要素です。「公開」は、法定の報道機関に業務等に関する重要事実や公開買付け等事実を伝える行為を意味します。

　「公表」の概念は、①法定の公表主体が、②対象となる事実を、２以上の法定の報道機関に対して公開し、③報道機関に対して公開した時から12時間を経過することを意味します。報道機関は、(i)国内において時事に関する事項を総合して報道する日刊新聞紙の販売を業とする新聞社および当該新聞社に時事に関する事項を総合して伝達することを業とする通信社、(ii)国内において産業および経済に関する事項を全般的に報道する日刊新聞紙の販売を業とする新聞社、(iii)日本放送協会および基幹放送事業者です。

　法定の公表主体が、上記(i)～(iii)の報道機関２以上に対して重要事実を公開した後、12時間経過すると、「公表」がなされたことになります。

　(ハ)　報道の有無

　公開された事実が実際に報道されたか否かは、公表がなされたという評価に影響を与えません。各報道機関に報道の自由があるからです。

　(ニ)　情報源が公にされていない報道（いわゆるスクープ報道）について

　情報源が公にされないまま、重要事実を内容とする報道がされた場合、金商法の定める「公表」には該当しません（最決平成28年11月28日刑集70巻7号609頁参照）。つまり、情報源が明らかにされていない報道（いわゆるスクープ報道）があった場合には、上記(ロ)の①や②の要件を満たさないことから、法定の「公表」概念に該当しません【図４－６】。そのため、情報源が明らか

【図4-6】 スクープと公表

にされていない報道があった場合でも、依然として、インサイダー取引の規制に服します。この点には、注意が必要です。

(b) **金融商品取引所における公衆縦覧**

金融商品取引所による日本語の適時開示とは、①当該上場会社等または当該上場会社等の資産運用会社が、業務等に関する重要事実等を当該金融商品取引所に通知し、かつ、②当該通知された業務等に関する重要事実等または公開買付け等事実が、内閣府令で定めるところにより、当該金融商品取引所において日本語で公衆の縦覧に供されたこととされています（施行令30条2号、取引規制府令56条）。

証券取引所は発行者から業務等に関する重要事実の通知を受けた場合には、通知後12時間経過してから、当該事実を証券取引所のウエブサイトを通じて一般の閲覧に供しているとされています（近藤光男＝吉原和志＝黒沼悦郎『金融商品取引法入門〔第4版〕』（商事法務、2015年）331頁）。また、東京証券取引所は、有価証券またはその発行者等に関し、投資者の投資判断に重要な影響を与えるおそれがあると認められる情報が生じている場合で、当該情報の内容が不明確であるときには、投資者への注意喚起を行うこともできます（東京証券取引所業務規程30条）。

(2) 法定開示書類による公衆縦覧

　公表主体と法定されている者が提出した法定開示書類（例：有価証券届出書）に業務等に関する重要事実に係る事項が記載されている場合、その法定開示書類が公衆の縦覧に供された場合も（25条）、公表がなされたことになります。

第5章

適用除外

1　適用除外とは、インサイダー取引を禁止する規定が適用されないものです

　第3章の「禁止行為」において述べたように、未公表の業務等に関する重要事実や公開買付け等事実を知りながら、事実の対象となる有価証券の取引を行うことは、インサイダー取引として禁止されます。これは形式的な基準です。

　他方、インサイダー取引として弊害がない取引まで規制する必要はありません。また、未公表の業務等に関する重要事実を知って行われる取引すべてを禁止すると、合併など組織再編などに支障が生じることが考えられます。そこで、金商法は適用除外を定めて、インサイダー取引を禁止する規定がそもそも適用されないことにしています。

2　適用除外は、14種類に分けられます

　業務等に関する重要事実に係る取引の適用除外として、①株式の割当てを受ける権利等を行使する場合、②新株予約権等を行使する場合、③オプションを行使する場合、④株式買取請求権等に基づき売買等をする場合、⑤「防戦買い」をする場合、⑥自己の株式等の取得をする場合、⑦安定操作取引として売買等をする場合、⑧普通社債券等の売買等をする場合、⑨「クロクロ取引」による売買等をする場合、⑩合併等により特定有価証券等を承継させ、または承継する場合、⑪重要事実を知る前に合併等の契約をする場合、⑫新設分割をする場合、⑬合併等の組織再編行為の対価として自己株式の交付を行う場合、⑭「知る前契約」の履行として売買等をする場合や「知る前計画」の実行として売買等をする場合があります。

　以下で、その内容を簡単に説明しましょう。

(1) 株式の割当てを受ける権利等を行使する場合

　株式の割当てを受ける権利を行使することによって株券を取得する行為は、インサイダー取引の適用除外となります（166条6項1号。【図5－1】）。「株式の割当てを受ける権利」は、会社に対して行使できる権利であり、一般投資者と取引をするものではありません。また、株式を引き受けた者が、会社による重要事実の公表がないという自分とはかかわりのない事由から、「株式の割当てを受ける権利」の権利行使ができなくなることは不都合です（以上について、三國谷・前掲115～116頁）。

　同様のことは、優先出資法に規定する優先出資の割当てを受ける権利を行使して、優先出資証券を取得する行為にも当てはまります。そのため、優先出資法に規定する優先出資の割当てを受ける権利を行使して、優先出資証券を取得する行為も規制の適用除外となっています。

　もっとも、「株式の割当てを受ける権利」を有する者が、当該権利行使により取得した株券を売却する行為は、この適用除外に該当しませんから、インサイダー取引になります。

【図5－1】　株式の割当てを受ける権利の行使

(2) 新株予約権等を行使する場合

　新株予約権を有する者が、その権利を行使して株券を取得する行為は、インサイダー取引の適用除外となります（166条6項2号。【図5－2】）。「新株

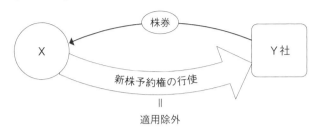

【図5-2】 新株予約権の行使

予約権」とは、株式会社に対して行使することにより当該株式会社の株式の交付を受けることができる権利です（会社法2条21号）。

新投資口予約権を行使して投資証券を取得する場合もインサイダー取引の適用除外となります（166条6項2号）。「新投資口予約権」とは、投資法人に対して行使することにより当該投資法人の発行する投資口の交付を受けることができる権利です（投信法2条17項）。

これらの場合が適用除外とされる理由は、株式の割当てを受ける権利等を行使する場合と同様です。

なお、新株予約権等の行使により株券等を取得する行為を適用除外とされるだけですから、新株予約権等の行使によって取得した株券等を売却する行為まで適用除外とするものではありません。そのため、取得した株券等を売却する行為は、インサイダー取引に該当します。

(3) オプションを行使する場合

「特定有価証券等に係るオプション」の行使による売買等は、インサイダー取引の適用除外となります（166条6項2号の2。【図5-3】）。「特定有価証券等に係るオプション」とは、簡単に説明すると、当事者の一方（X）の意思表示により当事者間（X・Y間）において、特定有価証券等の売買の取引を成立させることができる権利を相手方（Y）が当事者の一方（X）に付与し、当事者の一方（X）がこれに対して対価を支払うことを約する取引

【図5－3】 オプションの行使

です。

「特定有価証券等に係るオプション」の行使による売買等がインサイダー取引の適用除外となる理由は、株式の割当てを受ける権利等を行使する場合と類似しています。すなわち、①オプションの行使による売買等は、オプションの契約当事者間の取引であり、一般投資者と直接取引をするものではないこと、②会社が重要事実を公表しないというオプションの契約当事者外の事情により、オプションの権利行使ができなくなることは不都合であることがあげられます（神田秀樹＝黒沼悦郎＝松尾直彦編著『金融商品取引法コンメンタール4―不公正取引規制・課徴金・罰則』（商事法務、2011年）143～144頁〔神作裕之〕参照）。

(4) 株式買取請求権等に基づき売買等をする場合

①株式の買取りの請求、②投資口の買取りの請求、③法令上の義務に基づいて売買等をする場合も、インサイダー取引の適用除外となります（166条6項3号。【図5－4】）。これらの適用除外が設けられた趣旨は、各法令が株式等の売買等を義務づけていることを重視して、重要事実を知っているときであっても、当該法令の義務を果たす限度においてインサイダー取引規制を適用しないとしたのです（横畠裕介『逐条解説インサイダー取引規制と罰則』（商事法務研究会、1989年）148頁）。以下で、それぞれの場合をみてみましょう。

【図5-4】 株式買取請求権に基づく売買等

　第一に、株式の買取りの請求に基づく売買等についてです。株式会社において重要な決議が行われる場合、この決議に反対する株主（反対株主）には、会社法上、法定の手続により保有する株式をその会社に買い取るように請求する権利が与えられます。この株式の買取請求に基づく売買等は、会社法が定めた権利の行使の一環として行われるものです。この売買等には、①株主が株式買取請求権の行使によりその保有する株式を株式会社に売却する行為と②株主の株式買取請求権の行使により、株式会社がその株式を買い取る行為があります。

　株式の買取請求に基づく売買等の当事者は、株式会社と反対株主であり、一般の投資者は関与しません（三國谷・前掲116頁）。そのため、反対株主の保護をインサイダー取引の規制より優先すべきであると判断され、株式の買取りの請求に基づく売買等を、インサイダー取引の適用除外としたのです。

　第二に、投資口の買取りの請求に基づく売買等についてです。投信法における投資法人に対する投資口買取請求権の行使をインサイダー取引の適用除外とする趣旨は、株式の買取りの請求に基づく売買等がインサイダー取引の適用除外とされた理由とほぼ同様です。投資口の買取りの請求に基づく売買等の当事者は、投資法人と投資法人の社員である投資主であり、一般の投資者は関与しません。そのため、反対投資主の保護をインサイダー取引の規制より優先すべきであると判断されたのです。

　第三に、「法令上の義務」に基づく売買等についてです。「法令上の義務」

に基づく売買等の例として、①株式会社が単元未満株式（例：1単元が1000株とした場合、500株）の買取請求に応じて買取りをする場合（会社法192条、193条）や、②株式会社が単元未満株式の売渡請求に応じて売渡しをする場合（同法194条）などをあげることができます。

「法令上の義務」に基づく売買等をインサイダー取引の適用除外とする趣旨は、株式会社が法令上の義務を履行することをインサイダー取引規制より優先すべきであると考えられたからです。

(5) 「防戦買い」をする場合

「防戦買い」とは、敵対的な公開買付け等に対抗して対象会社の株券等を買い付けるなど有償の譲受けをすることです。

公開買付けや公開買付けに準じる行為は、主に対象会社（例：Y社）の支配権を取得するために、対象会社の株券等を取得するものです。公開買付け等を行う者（例：X社）は、Y社の株主総会における議決権の行使を通じて、対象会社であるY社を支配します。このようなX社による公開買付けがY社の同意もなく行われるときは、この公開買付けは、Y社にとって敵対的な公開買付けとなります。

上記のような敵対的な公開買付けに対抗するため、Y社は、第三者（例：Z社）にY社の株券の取得を依頼することがあります。このZ社がY社の株券等を買い付ける行為が「防戦買い」です。このような「防戦買い」をする場合もインサイダー取引規制の適用除外としています（166条6項4号。【図5－5】）。

上記の「防戦買い」にもインサイダー取引規制が適用されると、公開買付けの対象会社であるY社に未公表の重要事実がある場合、「防戦買い」ができなくなります。「防戦買い」を禁止されると、公開買付けを行うX社に比して、対象会社であるY社は著しく不利になります（三國谷・前掲118頁参照）。そのため、対象会社であるY社取締役会が決定した要請に基づいた「防戦買い」をインサイダー取引の適用除外としたのです。

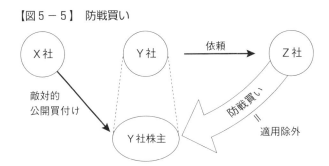

【図5-5】 防戦買い

(6) 自己の株式等の取得をする場合

　株主との合意による自己の株式の取得を例にとれば、会社法上、①株主総会決議で取得の枠を定めた後に、②具体的な取得数、取得価格などを取締役会で定めます（①について会社法156条、②について同法157条）。上記②の決定は、上記①の決定とは別の重要事実（「自己の株式の取得」）に該当します（金商法166条2項1号ニ）。当該会社が、上記②の決定を公表せずに、その会社が自己の株式を取得する行為も、インサイダー取引規制の適用除外となります（166条6項4号の2。【図5-6】）。

　仮に、上記②の決定事実を公表してから、自己の株式を取得しなければならないとすると、当該株式の市場価格が高騰します。そうすると、相対取引による自己の株式の取得であっても、当該株式の取得に支障が生じます。また、市場取引による自己の株式の取得を行う場合も、同様の弊害が生じま

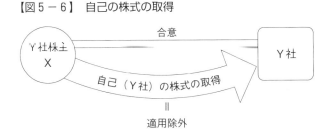

【図5-6】 自己の株式の取得

す。そこで、上記②の決定を公表せずに、会社が自己の株式を取得する行為を適用除外としたのです（以上の趣旨について、証券取引審議会公正取引特別部会報告「自己株式取得等の規制緩和に伴う証券取引制度の整備について」（1994年2月7日））。

(7) 安定操作取引として売買等をする場合

　安定操作取引とは、有価証券の募集または売出しにより有価証券の市場価格が下落することを防止するため、その有価証券を市場で買い支える取引です。募集または売出しを容易にするという目的のため、法定の要件を満たした場合にのみ、許されています（159条3項、施行令20条）。

　金商法は、適法な安定操作取引に基づく売買等を、インサイダー取引規制の適用除外としています（166条6項5号。【図5－7】）。その理由は、募集または売出しを容易にするという安定操作取引は、重要事実に基づいて行われる取引ではなく、証券市場の公正性・健全性に対する投資者の信頼を害するものではない、と考えられたからです（横畠・前掲155～156頁）。

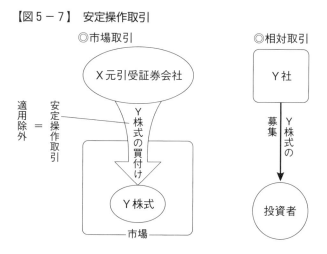

【図5－7】　安定操作取引

(8) 普通社債券等の売買等をする場合

社債券や投資法人債券などの一定の売買等について、インサイダー取引の適用が除外されています（166条6項6号。【図5－8】）。新株予約権付社債券を除く社債券（普通社債券）の場合、償還が確実であれば、通常、会社の重要事実が投資判断に及ぼす影響は小さいと考えられています（三國谷・前掲120頁）。このようなことから、普通社債の売買等について、原則として、インサイダー取引規制の適用除外とされたのです。

逆をいえば、償還の確実性に不安を与える情報（債務不履行に関する情報＝デフォルト情報）は、当該社債券の価格を下落させることになるから、当該社債券の投資判断に影響を与えることになります（三國谷・前掲120頁）。そのため、①解散に関する決定事実や②破産手続開始等の申立てに関する決定事実などデフォルト情報を知って、社債券の売買等をすることは、インサイダー取引の適用除外になりません（取引規制府令58条）。この点は、注意すべきです。

【図5－8】 普通社債券の売買

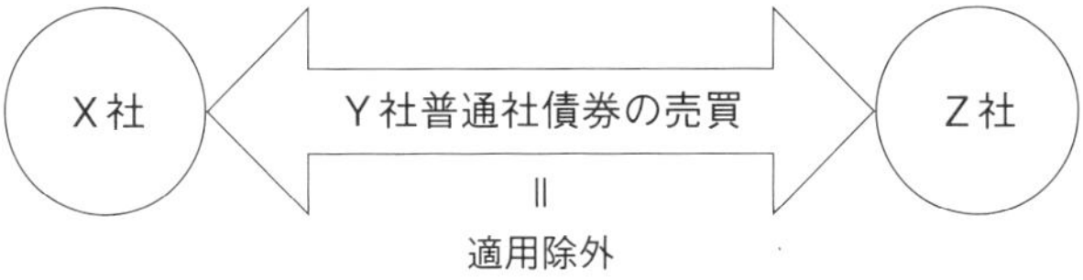

X社 ⇔ Y社普通社債券の売買 ⇒ Z社
＝
適用除外

(9) 「クロクロ取引」による売買等をする場合

「クロクロ取引」とは、未公表の重要事実を知っている者同士の相対取引（取引所金融商品市場または店頭売買有価証券市場を介在させない直接取引です）のことです。重要事実を知っている者同士の相対取引であれば、市場における投資判断に影響を与えないと考えられます（三國谷・前掲121頁）。そこで、クロクロ取引の相手方がさらにインサイダー取引等を行うことを知っている

【図5-9】「クロクロ取引」による売買

場合を除いて、「クロクロ取引」をインサイダー取引規制の適用除外とするものです（166条6項7号）。【図5-9】。

⑽ 合併等により特定有価証券等を承継させ、または承継する場合

　合併、分割または事業の全部もしくは一部の譲渡もしくは譲受け（合併等）により承継する資産に特定有価証券等が含まれていることがあります。このような場合であっても、特定有価証券等が承継される資産に対して微量であるときには、仮に当該特定有価証券等の発行者について未公表の重要事実が生じていたとしても、その合併等を利用してインサイダー取引を行うおそれは低いと考えられています（古澤和之ほか監修『逐条解説　2012年金融商品取引法改正』（商事法務、2013年）59頁）。そこで、当該特定有価証券等の帳簿価額が、当該合併等により承継される資産の帳簿価額の合計額に占める割合の20％未満である場合を、インサイダー取引の適用除外としたのです（166条6項8号、取引規制府令58条の2。【図5-10】）。

　なお、この適用除外は、合併等により特定有価証券等を承継させる者と承継する者の両方に適用されます。その理由は、特定有価証券等が承継される資産に対して微量であることは、当該合併等により特定有価証券等を承継させる側のみならず、承継する側にも同様のことがいえるからです（古澤・前掲59頁）。

【図5－10】 合併による特定有価証券等の承継

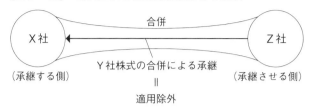

(11) 重要事実を知る前に合併等の契約をする場合

　重要事実を知る前に合併等の契約をする場合とは、業務等に関する重要事実を知る前に、取締役会により、①合併、吸収分割または事業の全部もしくは一部の譲渡もしくは譲受けの契約や②新設分割における新設分割計画の内容の決定の決議がされた場合です。

　そのため、当該決議に基づいて当該合併等により当該上場会社等の特定有価証券等を承継させ、または承継する行為は、インサイダー取引の適用除外となります（166条6項9号。【図5－11】）。その趣旨は、未公表の重要事実と無関係に特定有価証券等の承継が行われた場合には、証券市場の公正性・健全性に対する一般投資者の信頼を損なうことはないと考えられたからです（古澤・前掲59～60頁）。

　この適用除外は、合併等により特定有価証券等を承継させる者と承継する者の両方に適用されます。

【図5－11】 重要事実を知る前の合併契約

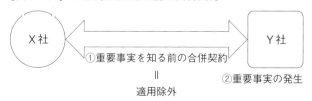

⑿ 新設分割をする場合

　共同新設分割（他の会社と共同して行う新設分割）の場合を除いて、新設分割により新設分割設立会社に特定有価証券等を承継させる場合は、インサイダー取引の適用除外となります（166条6項10号。【図5－12】）。

　共同新設分割以外の新設分割は、分社化を目的とするものであるため、第三者との株式の取引という性質を有しません。そこで、この場合をインサイダー取引の適用除外としたのです。

　他方、共同新設分割は、複数の分割会社が共同して新設する会社（新設分割設立会社）に各分割会社の権利義務を承継させるものですから、各分割会社は、各々の承継させる権利義務の価値等に基づいて、新設分割設立会社の株式の配分を受けることになります（古澤・前掲60頁）。この点に着目すると、共同新設分割は、分割会社間の株式の取引ということができます。そのため、共同新設分割の場合にはインサイダー取引のおそれがあるため、適用除外とはされていません。

【図5－12】　新設分割をする場合（共同新設分割を除く）

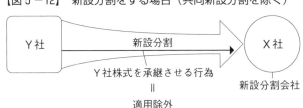

⒀ 合併等の組織再編行為の対価として自己株式の交付を行う場合

　①合併、②分割、③事業の全部または一部の譲渡もしくは譲受け、④株式交換において、当事者である上場会社の自己株式等を、上記①ないし④の対

価として交付しまたは交付を受ける場合を、インサイダー取引の適用除外としています（166条6項11号。【図5－13】）。これは、自己株式等の交付がインサイダー取引に適用される危険性は低いと考えられたためです（古澤・前掲61頁）。

【図5－13】 合併の対価としての自己株式の交付

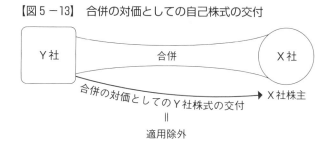

⑭ 「知る前契約」の履行として売買等をする場合や「知る前計画」の実行として売買等をする場合

「知る前契約」とは、未公表の重要事実を知る前に締結された契約をいいます。「知る前契約」の履行として売買等をする場合の例として、業務等に関する重要事実を知る前に上場会社等との間で当該上場会社等の発行する特定有価証券等に係る売買等に関し書面による契約をした者が、当該契約の履行として当該書面に定められた当該売買等を行うべき期日または当該書面に定められた当該売買等を行うべき期限の10日前から当該期限までの間において当該売買等を行う場合などがあります（166条6項12号、取引規制府令59条1項1号。詳細は、同条を参照）。

また、「知る前計画」とは、会社の重要事実をする前に策定された計画のことです。「知る前計画」の実行として売買等をする場合の例として、上場会社等の役員または従業員が当該上場会社等の他の役員または従業員と共同して当該上場会社等の株券または投資証券の買付けを行う場合であって、当該買付けが一定の計画に従い、個別の投資判断に基づかず、継続的に行われ

る場合(各役員または従業員の1回当りの拠出金額が100万円に満たない場合に限る)などがあります(166条6項12号、取引規制府令59条1項4号。詳細は、同条を参照)。

　これらの売買は、客観的に、重要事実を知ったことと取引を行うことがまったく無関係であることが明らかであるため(三國谷・前掲122頁)、適用除外とされたのです(166条6項12号。【図5－14】)。

【図5－14】 「知る前契約」の履行としての売買

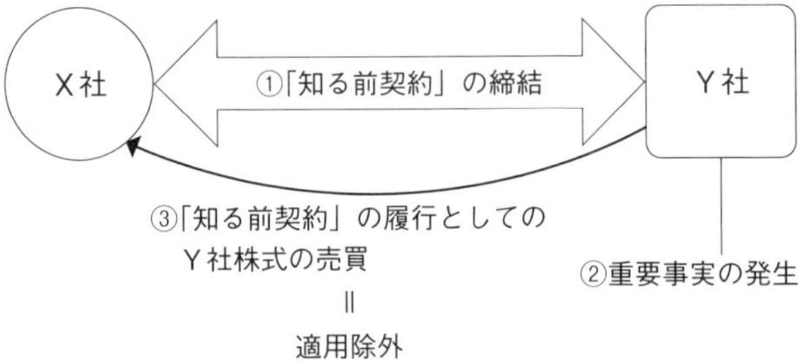

- X社
- ①「知る前契約」の締結
- Y社
- ②重要事実の発生
- ③「知る前契約」の履行としてのY社株式の売買
  ＝ 適用除外

第6章

公開買付けと
インサイダー取引

2006年6月2日付日本経済新聞夕刊によれば、ニッポン放送株の売買を巡り、B代表（46）が率いる投資ファンド（Bファンド）が不透明な取引を行ったとされる疑惑で、東京地検特捜部は2日、B代表本人から近く事情を聴く方針を固めたもようだ。特捜部は、証券取引法違反（インサイダー取引）の疑いもあるとみており、一連の株取引の詳しい経緯について説明を求めるとみられる。
　……（中略）……
　同放送株を巡っては、フジテレビジョンが昨年1月17日、グループ再編のため、過半数取得を目標とするTOB（株式公開買い付け）実施を公表し、翌日から実行。これに対抗してライブドアは、2月8日の立会外取引で同放送株を大量取得して持ち株比率約35%の筆頭株主となり、株争奪戦が繰り広げられた。
　関係者によると、ライブドアは昨年1月から、同放送株の買い集めを本格化させ、2月4日には発行済み株式の5%超を取得した。Bファンド側は、ライブドアが大量取得の方針を決めたことを事前に把握していた可能性があるという。
　……（中略）……
　Bファンドは2003年ごろから同放送株の本格取得を始め、昨年初めには筆頭株主だったが、ライブドアの立会外取引に応じて保有株の一部を売却し、株価の高騰中に残りの保有株の大半を市場で売却したとされる。こうした取引の一部が、証取法に違反する疑いがあるとみられる。

◆ニッポン放送株事件

　「公開買付け等を行うことについての決定」（現在の金商法167条2項）の解釈が問題となった事例です。最高裁判所は、上記「決定」をしたというためには、「業務執行を決定する機関」（金商法167条2項）において、「公開買付け等の実現を意図して、公開買付け等又はそれに向けた作業等を会社の業務として行う旨の決定がされれば足り、公開買付け等の実現可能性があることが具体的に認められることは要しないと解するのが相当である」としました（最決平成23年6月6日刑集65巻4号385頁）。この最高裁決定は、「決定」の実現可能性も問題にしないように読めます。仮に、「決定」の実現可能性を考慮しないとすれば、インサイダー取引規制の適用範囲はかなり広いことになります。注意が必要です。

1 総　説

　本章では、前章までに述べた業務等に関する重要事実のインサイダー取引の知識を前提に、公開買付け等事実のインサイダー取引規制について概観します（167条）。

　後述するように、業務等に関する重要事実は、主に、当該特定有価証券の発行者である上場会社等を「発生源」としています。これに対して、公開買付け等事実は、公開買付者等を「発生源」としています。

　このように、業務等に関する重要事実と公開買付け等事実とでは、当該事実の「発生源」が異なります。事実の「発生源」が異なれば、規制の具体的な方法も異なることになります。そのため、業務等に関する重要事実に関するインサイダー取引とは別に、公開買付け等事実に関するインサイダー取引をそれぞれ禁止しているのです。

(1) 公開買付け

　公開買付けとは、①不特定・多数の者に対して、②新聞などを利用した公告により、③(1)株券等の買付け等の申込みまたは(2)株券等の売付け等の申込みの勧誘を行って、④取引所金融商品市場外で株券等の買付け等を行うことをいいます（27条の2第6項）。たとえば、X社がY株式会社（Y社）の株式を取得して、議決権を通じてY社を支配することを計画したとします。そこで、X社は、Y社の株主に対して、Y社の株式を市場の取引価格よりも高い買付価格で買い付けることを公告します。Y社の株主は、公告の情報を基に、X社に対して、直接、自己の保有する株式を売り付けるか否かを判断します。X社が当初予定していたY社株式を公開買付けにより取得できれば、X社はY社の大株主になるので、Y社に対する支配権を取得することができます【図6－1】。

【図6−1】 公開買付けのイメージ

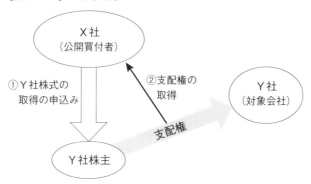

(2) 公開買付けの対象となる「株券等」

　公開買付けは、議決権行使を通して対象会社に対する影響を強めることを主な目的としますから、公開買付けの対象となる有価証券は、議決権があるまたは将来議決権が発生する有価証券に限られます。このことから、公開買付けの対象となる「株券等」は、議決権がある株券、新株予約権証券および新株予約権付社債券などに限定されています（27条の2第1項、施行令6条1項）。

(3) インサイダー取引規制の対象となる「上場等株券等」

　インサイダー取引規制が及ぶ公開買付けは、一般的な意味での「公開買付け」よりも限定されています。つまり、インサイダー取引規制の対象となる「上場等株券等」は、上記の「株券等」のなかで、①金融商品取引所に上場されているもの、②店頭売買有価証券、③取扱有価証券に該当するものに限られているのです（167条1項）。その理由は、会社支配に影響を与えるような規模の公開買付けを規制の対象としたのです。

　以上をまとめると、「公開買付け等」とは、①「上場等株券等」を対象とする発行者以外の者が行う公開買付け（27条の2第1項）、②上記①に準ずる

行為として政令で定めるもの（買集め行為）（同項）、③上場株券等を対象とする発行者が行う公開買付け（27条の22の2第1項）、という3つの概念を含むことがわかります。

(4) 買集め行為

「買集め行為」とは、株券等を買い集める者が、自己または他人の名義をもって買い集める当該株券等に係る議決権の数の合計が、当該株券等の発行者の総株主等の議決権の数の5％以上である場合における当該株券等を買い集める行為を意味します（施行令31条）。たとえば、株券等の発行者であるA株式会社の発行済株式総数1,000株で、A社の株式1株で1議決権だとします。Bが自己の名義（B名義）と他人の名義（C名義）で、A株式100株（総株主等の議決権数の10％に相当する株式数です）を買い集める行為が、「買集め行為」に該当します。

買集め行為のなかでも、①当該買集め行為により各年において買い集める株券等の数が当該株券等の発行者の総株主等の議決権の2.5％未満であるものに係ること、または、②有価証券関連業を行う金融商品取引業者（第一種金融商品取引業を行うことについて登録を受けた者に限ります）が有価証券の流通の円滑を図るために顧客を相手方として行うものであって、当該買集め行為により買い集めた株券等を当該買集め行為後直ちに転売することとするものに係ることが除外されます（取引規制府令62条）。

上記①については、買集めのペースが遅いものについては、投資者の投資判断に及ぼす影響が軽微であると認められること、上記②については、金融商品取引業者が仲介者として行う買付け（ブロックトレードの仲介）は、転売目的の一時的な取得であり、当該買付行為自体によって、買付対象の株券等に係る需給関係や当該株券等の発行者の支配状況に影響を及ぼすものではないことから、除外されているのです。

2 公開買付けは、対象会社の株主に平等な投資判断の機会を与える制度です

(1) 公開買付けは、「市場外」で行われるため、法的規制が必要です

(a) 公開買付けの特徴——公開買付けは、取引所という市場の外で行われます

　(イ) 公開買付けの種類

　公開買付けを大別すると、公開買付けには、①公開買付けを行う者（公開買付者）が、公開買付者以外の者を対象会社とする場合（発行者以外の者による株券等の公開買付け）と、②公開買付者が、公開買付者自身を対象会社とする場合（発行者による上場株券等の公開買付け）との2種類があります。ここでは、上記①を前提に説明を進めます。

　(ロ) 公開買付けの具体的な例

　公開買付けとは、前述（本章1．総説(1)）の例によれば、公開買付者X社が、Y社の株主に対して、公開買付開始公告（例：新聞で公開買付けを行うことを知らせます。後述）によって、①Y社株式の購入を申し込むこと（「株券等の買付け等の申込み」）や、②Y社株式の売却を勧誘すること（「株券等の売付け等の申込みの勧誘」）を行います。①Y社株式の購入を申し込むことは、「Y社株式を売ってください」という申込みに当たります。また、②Y社株式の売却を勧誘することは、「Y社の株式を売りたい」という申込みを勧誘することに当たります。いずれも、Y社株式を「買う」という結果を導くための方法です。そして、Y社株式が東京証券取引所に上場されているとすれば、東京証券取引所という市場の外で、X社がY社の株式を購入することになります。このように、「公開買付けは、取引所という市場の外で行われる」という特徴があります。公開買付けが「市場外」で行われるため、公開買付者は、買付価格を自由に決めること（後述(b)）と公開買付期間を自由に決めること（後述(c)）ができます。これらのことが、次に述べるような弊害を伴

うため、法的規制が必要となるのです。

　(ハ)　公開買付けが強制される場合

　取引所金融商品市場外における株券等の買付け等をすることにより、株券等所有割合（株券等所有割合＝買付者等が所有する株式等の議決権の数の合計÷公開買付けの対象会社たる発行者の総議決権の数等（27条の2第8項））が5％を超える等の場合には、原則として、公開買付けによって株券等を取得しなければなりません（27条の2）。

(b)　公開買付者は、公開買付けの買付価格を自由に決めることができます

　(イ)　価格決定──市場内と市場外の違い

　公開買付けは、取引所という市場の外で行われます。そのため、市場の価格とは異なる一定の価格を、公開買付けの買付価格とすることができます。前述（本章1．総説(1)）の例によれば、Y株式会社の市場価格が1株100円であれば、公開買付けの買付価格を150円とすることができます。公開買付けの買付価格を市場価格より高く設定しなければ、Y社株主にとって、公開買付開始公告を行うX社（公開買付者：27条の3第2項カッコ書）にY社株式を売却するメリットはありませんから、Y社株主は、市場でY社株式を売却します。X社はY社株主からY株式を売ってもらいたいと考えているのですから、X社は、公開買付けの買付価格を市場価格より高い価格を設定します（市場価格よりも高い部分（例でいえば、50円の部分）をプレミアムといいます）。

　ところで、市場で株式が取引される場合には、株式の売買価格は、だれに対しても均一です。たとえば、Y社株式を1株のみ売却しようとするA氏に対しても、Y社株式10万株を一度に売却するB氏に対しても、1株当り同じ売却価格が提示されます。これに対して、市場の外で株式の売買が行われる場合には、一般的に、このようなルールは適用されません。

　(ロ)　市場外で取引される場合の弊害──価格の違い

　Y株式1株に1議決権がある場合、A氏から1株を取得したときに取得できる議決権は1個ですが、B氏から10万株を取得したときには10万個の議決権を取得することができます。Y社の総議決権数が100万個であれば、B氏

からの株式の取得により、10％に当たる議決権を取得することができます。Ｘ社は、Ｙ社に対する支配権を取得することが目的で公開買付けを行っていることを想起してください。もし公開買付けの規制がないとすれば、Ｘ社は、10万株式を取得するために、Ｂ氏に提示する買付価格を市場価格よりも高い価格（市場価格よりも高い部分を支配権プレミアムと呼ぶことがあります）とし、かつ、Ａ氏に提示する１株当りの買付価格よりも高額にするでしょう。また、Ｘ社は、Ｂ氏からＹ社株式10万株を取得できれば、Ａ氏からＹ社株式を購入しないかもしれません。

　上記のような事態は、少数株主であるＡ氏からすれば、Ｙ社株式を市場価格以上で売却する機会を与えられないことになります。そこで、金商法は、対象会社の株主に平等な投資判断の機会を与えるという観点から、公開買付者に対して、公開買付けにおいてすべての応募株主等（公開買付けに係る株券等の買付け等の申込みに対する承諾または売付け等の申込みをした者をいいます。例：Ａ氏やＢ氏）に対しても買付価格が同じであること（買付条件の均一性）を義務づけています（27条の２第３項、施行令８条２項・３項）。また、公開買付けの対価が、有価証券など金銭以外のものである場合にも、その交換比率は、すべての応募株主等について、均一の条件によらなければなりません。公開買付けにおいて、すべての応募株主等を平等に取り扱うことが要請されているからです。

　買付条件が均一であっても、公開買付けを実施している期間に、公開買付け以外の買付けを認めてしまうと、すべての応募株主等を平等に取り扱うことができなくなります。そこで、公開買付者は、公開買付期間中において、公開買付けによらないで当該公開買付けの対象となる株券等（例：Ｙ社株式）の買付け等を行うことを禁止されています（27条の５：別途買付けの禁止）。

(c)　**公開買付者は、公開買付けの買付期間を自由に決めることができます**

　　(イ)　買付けの時期──市場内と市場外の違い

　市場で株式が取引される場合には、市場が開いている時間帯であれば、だれでも好きな時に取引をすることができます。たとえば、Ｙ社株式を10株売

却しようとするA氏は、売却の時期を、自分で自由に決めることができます。つまり、A氏は、売却したくない時期（たとえば、仕事が忙しい時期）に、Y社株式について売却の投資判断を行う必要はありません。これに対して、市場の外で株式の売買が行われる場合には、公開買付者は、法令の定める範囲で、公開買付けを開始する時期と買付けの期間を定めることができます（後述）。

(ロ) 市場外で取引される場合の弊害
　　――投資判断の時期が一方的に決められてしまうこと

　公開買付けによる株券等の買付け等は、政令で定める期間の範囲内で買付け等の期間を定めて、行わなければなりません（27条の2第2項）。政令で定める期間とは、公開買付開始公告を行った日から起算して20日以上で60日以内とされています（施行令8条1項）。つまり、公開買付者が公開買付けを実施する時期を判断して公開買付開始公告を行い（公開買付けの始期）、公開買付けの買付期間も、公開買付者が決めることになります。そのため、公開買付けの対象会社（例：Y社）の株主は、突然（公開買付開始公告がいつ行われるかは、株主にとって予測できません）、かつ、短期間に（最長でも、公開買付開始公告を行った日から60日以内の期間です）投資判断を迫られることになります。つまり、公開買付けにおいては、対象会社の株主に対して、有価証券を売却させようとする圧力が短期間にかかることになります。このような圧力がかかれば、冷静な投資判断ができない可能性があります。投資判断を変更する余地を認める必要があります。

　そこで、応募株主等は、公開買付期間中においては、いつでも、当該公開買付けに係る契約の解除をすることができることになっています（27条の12第1項）。これにより、応募株主等が公開買付けに応じた後でも、投資判断を変更することができるのです。また、応募株主等による契約の解除があった場合においては、公開買付者は、当該契約の解除に伴う損害賠償または違約金の支払を請求することができません（同条3項前段）。このことにより、応募株主等は安心して、契約の解除ができます。

(d) 公開買付者は、原則として、公開買付けの撤回はできず、応募のあった株券等の全部を取得する必要があります

　(イ)　買付けの申込みの撤回

　市場内の取引において、売買が成立する前であれば、買付けの申込みを取り消すことができます。つまり、市場内の取引では、売買が約定する前であれば、買付けの申込みの撤回が可能となります。

　他方、公開買付けの場合、公開買付者は、原則として、公開買付開始公告後において、公開買付けに係る申込みの撤回および契約の解除（公開買付けの撤回等）を行うことができません（27条の11第1項本文）。つまり、公開買付けの場合、買付けの申込みの撤回はできないのです。その理由は、公開買付者が容易に公開買付けの撤回等を行えるならば、公開買付けが安易に行われ、投資者を不安定な地位に置くという弊害があるからです。

　(ロ)　買付けの方法

　市場内の取引と異なり、公開買付けの場合には、買付けの申込みの撤回ができません。買付けの撤回ができないことは、公開買付開始公告において記載した買付数量を超える数量の申込みがあった場合の対応が問題となります。この点について、金商法は、公開買付者に対して、原則として、全部取得義務を定めています（27条の13第4項）。つまり、公開買付者は、原則として、応募株券等（27条の12第3項カッコ書）の全部を取得しなければならないのです。このような全部取得義務を定めた理由は、このような全部取得義務がなければ、公開買付けにおける部分的な撤回を認めることになり、投資者を不安定な地位に置くことになるからです。

　全部取得義務の例外として、応募株券等の数の合計が買付予定の株券等の数を超えるときは、その超える部分の全部または一部の買付け等をしないという条件をあらかじめ公開買付開始公告および公開買付届出書に付した場合などがあります（27条の13第4項第2号：部分的公開買付け）。部分的公開買付けにおいて、応募株券等の数の合計が買付予定の株券等の数を超えるときは、応募株主等から按分比例の方式により株券等の買付け等に係る受渡しそ

の他の決済を行う必要があります（同条5項）。

(2) 投資者のために、公開買付けに関する情報を開示する必要があります

(a) 公開買付開始公告

　公開買付けを行おうとする者は、公開買付開始公告を行う必要があります（27条の3第1項、施行令9条の3第1項）。つまり、①電子公告（EDINET）または、②時事に関する事項を掲載する日刊新聞紙（産業および経済に関する事項を全般的に報道する日刊新聞紙を含みます）への掲載のいずれかの方法によって、当該公開買付けについて、その目的、買付け等の価格、買付予定の株券等の数、買付け等の期間その他の内閣府令で定める事項を公告しなければならないのです。公開買付開始公告によって、公開買付けが行われることが告知されます。

(b) 公開買付届出書

(イ) 公開買付届出書の提出と公衆縦覧

　公開買付者は、原則として、当該公開買付開始公告を行った日に、公開買付届出書を内閣総理大臣に提出をしなければなりません（27条の3第2項本文、他社株買付府令15条）。公開買付届出書は、①買付け等の価格、②買付予定の株券等の数、③買付け等の期間、④買付け等に係る受渡しその他の決済および⑤公開買付者が買付け等に付した条件（買付条件等）などを記載した書類のことです。公開買付届出書は、この書類を受理した日から当該公開買付けに係る公開買付期間の末日の翌日以後5年を経過する日までの間、公衆の縦覧に供されることになります（27条の14第1項）。

　公開買付者は、公開買付開始公告を行い、かつ、公開買付届出書を提出することにより、公開買付けによる買付けを実施することができます。

(ロ) 公開買付届出書の写しの送付

　公開買付者は、当該公開買付届出書を提出した後、直ちに当該公開買付届出書の写しを、①当該公開買付けに係る株券等の発行者（例：Y社）に送付

するとともに、②当該公開買付けに係る株券等を上場している金融商品取引所（例：東京証券取引所）等に対しても送付しなければなりません（27条の3第4項）。この制度により、公開買付けの対象会社や当該対象会社が発行する株式を上場している金融商品取引所も公開買付けが行われることを知ることができるのです。

(c) 公開買付説明書

　公開買付者は、公開買付説明書を作成する必要があります（27条の9第1項）。公開買付説明者は、公開買付届出書に記載すべき事項等を記載した書類です。詳細は、内閣府令で定めれています（たとえば、他社株買付府令24条1項・2項）。公開買付者は、公開買付けによる株券等の買付け等を行う場合には、当該株券等の売付け等を行おうとする者に対し、あらかじめまたは同時に、公開買付説明書を交付しなければなりません（同条4項）。公開買付説明書を交付する趣旨は、公開買付けにおける投資判断に必要な情報を、投資者に直接提供することにあります。

(d) 意見表明報告書・対質問回答報告書

　公開買付けに係る株券等の発行者（対象者）は、公開買付開始公告が行われた日から10日以内に、意見表明報告書を、内閣総理大臣に提出しなければなりません（27条の10第1項、施行令13条の2第1項）。この意見表明報告書は、公衆縦覧に供されます（27条の14第1項）。意見表明報告書は当該公開買付けに関する意見その他の内閣府令で定める事項を記載した書類で、①「当該公開買付けに関する意見の内容、根拠及び理由」、②「会社の支配に関する基本方針に係る対応方針」、③「公開買付者に対する質問」、④「公開買付期間の延長請求」などを記載することになっています（他社株買付府令25条・第四号様式）。また、発行者（対象者）は、意見表明報告書提出後、直ちに当該意見表明報告書の写しを当該公開買付けに係る公開買付者や株券等が上場されている金融商品取引所等に送付する必要があります（27条の10第9項）。

　自己に対する質問が記載された当該意見表明報告書の写しの送付を受けた公開買付者は、当該送付を受けた日から5日以内に、当該質問に対する回答

（当該質問に対して回答する必要がないと認めた場合には、その理由）その他の内閣府令で定める事項を記載した書類、すなわち、対質問回答報告書を内閣総理大臣に提出しなければなりません（27条の10第11項、施行令13条の2第2項、他社株買付府令25条3項4項・第八号様式）。

意見表明報告書や対質問回答報告書を提出させる趣旨は、これらの報告書によって、当該公開買付けにおける投資判断に必要な情報を、投資者に提供させる趣旨です。

(e) **公開買付けの結果の公表・公開買付報告書**

公開買付者は、公開買付期間の末日の翌日に、当該公開買付けに係る応募株券等の数その他の内閣府令で定める事項を公告し、または公表する必要があります（27条の13第1項）。ここでいう「公告」は、「電子公告」または「時事に関する事項を掲載する日刊新聞紙（産業および経済に関する事項を全般的に報道する日刊新聞紙を含みます）に掲載する方法」によらなければならないとされています（施行令9条の3）。また、ここでいう「公表」は、①時事に関する事項を掲載する日刊新聞紙の販売を業とする新聞社、②上記①の新聞社に時事に関する事項を総合して伝達することを業とする通信社、③日本放送協会および基幹放送事業者に対して、公開する方法によりしなければならないとされています（施行令9条の4、他社株買付府令30条の2）。

上記の公告または公表を行った公開買付者は、当該公告または公表を行った日に、公開買付けの内容および買付け等の結果を記載した書類、すなわち、公開買付報告書を内閣総理大臣に提出しなければなりません（27条の13第2項、他社株買付府令31条・第六号様式）。公開買付報告書は、書類を受理した日から当該公開買付けに係る公開買付期間の末日の翌日以後5年を経過する日までの間、公衆縦覧に供されることになります（27条の14第1項）。

上記のように公開買付けの結果の公表や公開買付報告書を公衆縦覧に供する趣旨は、公開買付けの成否等は、その直後の株式市場等に重大な影響を与える情報であることから、開示の対象としたものです（内藤純一「新しい株式公開買付制度〔下〕」商事1223号36頁（1990年））。

3 公開買付け等事実は、公開買付け等の実施または中止に関する事実です

　公開買付け等事実とは、公開買付け等の実施に関する事実または公開買付け等の中止に関する事実を意味します（167条3項カッコ書）。公開買付け等の実施に関する事実または公開買付け等の中止に関する事実とは、公開買付者等（当該公開買付者等が法人であるときは、その業務執行を決定する機関をいいます）が、それぞれ公開買付け等を行うことについての決定をしたことまたは公開買付者等が当該決定（公表がされたものに限ります）に係る公開買付け等を行わないことを決定したことをいいます（同条2項）。ただし、この公開買付け等事実から、投資者の投資判断に及ぼす影響が軽微なものとして内閣府令で定める基準に該当するものが除かれることになります（同項ただし書）。

4 禁止行為は、2種類に分けられます

　禁止行為は、①公開買付け等に係る株券等の買付け等または売付け等、②公開買付け等事実に係る情報伝達行為・取引推奨行為の2つに大別されます。

　公開買付け等の実施に関する事実または公開買付け等の中止に関する事実を知った公開買付者等関係者および情報受領者が、当該公開買付け等事実の公表前に行う当該公開買付け等に係る株券等に係る買付け等・売付け等が禁止されています（167条）。つまり、有価証券の価格に対する影響が明確である公開買付け等に関する事実に関して、公開買付け等を行う者と一定の関係にある者の取引を規制する趣旨です。なお、「公開買付者等」とは、「公開買付け等」（公開買付けと公開買付けに準じる行為を含む概念です）をする者です（同条1項カッコ書）。

また、公開買付け等事実に係る情報伝達行為・取引推奨行為も禁止されています（167条の2第2項）。その趣旨は、業務等に関する重要事実に関するインサイダー取引の場合と同じです。

5 公表があれば、インサイダー取引の規制が解除されます

公開買付け等事実についても、公表によりインサイダー取引の規制が解除されます（167条4項）。

(1) 公表の主体は公開買付者等です

公開買付け等事実についての公表の主体は、当該公開買付け等事実に係る公開買付者等です。

(2) 公表方法は、3種類に分けられます

公開買付け等の事実の公表方法は、①当該公開買付者等により多数の者の知りうる状態に置く措置として政令で定める措置がとられたこと（(a)）、②公開買付開始公告または公開買付けの撤回に係る公告・公表（(b)）、③公開買付届出書または公開買付撤回届出書が公衆の縦覧に供されたこと（(c)）の3つがあります。

(a) 「当該公開買付者等により多数の者の知り得る状態に置く措置として政令で定める措置」とは、(i)報道機関に対して公開する方法と(ii)金融商品取引所における公衆縦覧とに分類することができます（施行令30条）

上記(ii)の金融商品取引所における公衆縦覧も含まれている理由についてです。上場会社等でない公開買付者等は金融商品取引所における公衆縦覧制度が利用できません。そこで、上場会社等である対象会社または上場会社である当該公開買付者等の親会社を通じて、金融商品取引所における公衆縦覧制度を利用することを可能にしたのです。

(b) 公開買付開始公告または公開買付けの撤回に係る公告・公表は、法令の制度ですから、インサイダー取引規制を解除する公表手段の1つとして位置づけられています（27条の3第1項、27条の22の2第2項、27条の11第3項、27条の22の2）。

(c) 公開買付届出書または公開買付撤回届出書が公衆の縦覧に供されたことも、法令の制度ですから、インサイダー取引規制を解除する公表手段の1つとして位置づけられています（27条の3第2項、27条の22の2、27条の11第3項、27条の22の2）。

6 公開買付け等の事実に係るインサイダー取引にも適用除外があります

公開買付け等の事実に係るインサイダー取引についても、適用除外を定めています（167条5項）。適用除外となるのは、①株主が株式の割当てを受ける権利を行使することにより株券を取得する場合、②新株予約権者が当該新株予約権を行使することにより株券を取得する場合、③株券等に係るオプションを取得している者が当該オプションを行使することにより株券等に係る買付け等または売付け等をする場合、④株式の買取りの請求または法令上の義務に基づき株券等に係る買付け等または売付け等をする場合、⑤公開買付者等の要請等に基づいて当該公開買付け等に係る上場等株券等の買付け等をする場合、⑥公開買付け等に対抗するため当該公開買付け等に係る上場等株券等の発行者の取締役会が決定した要請等に基づいて当該上場等株券等の買付け等をする場合、⑦安定操作により株券等に係る買付け等または売付け等をする場合、⑧クロクロ取引の場合、⑨特定公開買付者等関係者（公開買付者等関係者であって167条11項各号に定めるところにより公開買付け等の実施に関する事実を知ったもの）が対抗的な公開買付けを行う場合、⑩公開買付け等に関する事実の伝達から一定期間が経過した場合、⑪合併等による場合、⑫合併等の契約等の内容の決定についての取締役会の決議が公開買付者等の

公開買付け等事実を知る前にされた場合、⑬新設分割の場合、⑭合併等または株式交換に際して株券を交付する場合、⑮特別事情に基づく売付け等または買付け等です（詳細は、167条5項各号を参照）。

第7章

インサイダー取引に関する責任

1　総　説

　インサイダー取引を行った場合には、①刑事罰が科せられることや、②課徴金が課せられることがあります。また、インサイダー取引の相手方が損害を被ったとすれば、当該相手方は、インサイダー取引を行った者に対して、民法709条に基づいて、損害賠償を請求することも考えられます（金商法はインサイダー取引に係る民事損害賠償責任の規定を設けていないので、一般法である民法に基づく損害賠償請求となります）。また、インサイダー取引を行った者が上場会社等の役員や主要株主であり、かつ、6カ月以内に売付けと買付けを行っていた場合には、短期売買利益を会社に提供する義務があります（金商法164条）。

　このように、インサイダー取引を行った場合、さまざまな法的責任が生じるおそれがあります。本章では、氏名等の公表という制度を説明します。制裁という視点から、①刑事罰としての罰則、②違反行為を抑止するための課徴金制度を概観します。

2　インサイダー取引を行った場合には、氏名等が公表されることがあります

　内閣総理大臣は、公益または投資者保護のため必要かつ適当であると認めるときは、金商法等に違反する法令違反行為を行った者の氏名や法令違反行為による被害の発生もしくは拡大を防止し、または取引の公正を確保するために必要な事項を一般に公表することができます（192条の2）。

　この制度の趣旨は、反復して法令違反行為を行う可能性の高いと考えられる者については、氏名等の公表を行うことによって、取引相手先となりうる証券会社や投資家等に対して注意を喚起して、将来的な違反行為の未然防止を目的としています。反復して法令違反行為を行う可能性の高い者の例とし

ては、①インサイダー取引等の不公正取引を反復して行った者や②事実の伝達行為や取引推奨行為を行った証券会社の役職員などが考えられます。

3 インサイダー取引や事実の伝達などを行った場合の罰則があります

(1) インサイダー取引を行った場合の罰則があります

まず、インサイダー取引規制に違反した者には刑事罰が科せられることがあります。会社関係者・情報受領者（166条1項および3項）および公開買付者等関係者・情報受領者が、法定のインサイダー取引を行った場合には、5年以下の懲役もしくは500万円以下の罰金に処され、またはこれを併科されます（197条の2第13号）。併科される場合を説明しましょう。たとえば、甲社の代表取締役Aが、その職務中に甲社が新製品を開発した事実を知り、この重要事実が未公表の時点で、甲社株式300株を買い付ける行為は、インサイダー取引に当たりAに対して懲役5年の刑と500万円の罰金があわせて科せられるということです。

これにあわせて、インサイダー取引により得られた財産は、没収されます（198条の2第1項）。これは、必要的没収ですから、Aが、買い付けた甲社株式を300株（価額は300万円相当）すべて没収されます。また、財産を没収すべき場合において、これを没収することができないときは、その価額を犯人から追徴することになっています（同条2項）。Aが、買い付けた甲社株式を300株すべて市場で売り付けていた場合、300万円が追徴されます。

次に、インサイダー取引についても、両罰規定が適用されます。つまり、法人等の「業務又は財産に関し」て代表者等によるインサイダー取引が行われた場合には、法人に対しては5億円の罰金が科せられます（207条1項2号）。上記の例では、甲社の代表取締役Aが、甲社のため（甲社の計算で）上記のインサイダー取引を行った場合、法人である甲社も処罰されることにな

ります。このように、代表者等によるインサイダー取引によって法人が処罰される根拠は、当該法人等に代表者等の選任や監督その他インサイダー取引を防止するために必要な注意を尽くさなかったという過失の存在が推定されるからです。

(2) 事実の伝達や取引推奨を行った場合の罰則もあります

業務等に関する重要事実や公開買付け等事実の伝達行為を行った場合や取引推奨を行った場合にも刑事罰が科されることがあります。

(a) 業務等に関する重要事実の伝達行為や取引推奨行為に対する罰則があります

まず、①業務等に関する重要事実の伝達行為がなされ、かつ、当該伝達を受けた者が公表前に特定有価証券等に係る売買等をした場合や、②取引推奨がなされ、かつ、売買等をすることを勧められた者が公表前に特定有価証券等に係る売買等をした場合です。これらの場合において、業務等に関する重要事実の伝達行為を行った者や取引推奨を行った者は、5年以下の懲役もしくは500万円以下の罰金に処され、またはこれを併科されます（197条の2第14号。なお、両罰規定である207条1項2号も参照）。

たとえば、甲社の代表取締役Aが、その職務中に甲社が新製品を開発した事実を知り、この重要事実が未公表の時点で、友人のBに利益を得させる目的で、Bに対して当該重要事実を伝達して、伝達された重要事実に基づいて、Bが甲社株式300株を買い付けた場合、Aの伝達行為は、金商法197条の2第14号が禁止する重要事実の伝達行為を行ったことになります。そのため、Aに対して、5年以下の懲役もしくは500万円以下の罰金に処され、またはこれを併科される可能性があります。

注意すべきは、業務等に関する重要事実の伝達行為を行った者や取引推奨を行った者に科される法定刑は、自らインサイダー取引を行う類型である上記(1)の場合と同じであることです。このような重い法定刑を科す理由は、情報伝達者や取引推奨者が、伝達・取引推奨を受けた者に利益を得させ、また

は損失の発生を回避させる目的をもって、重要事実の公表前の有利な取引をつくりだしている点に着目して、情報伝達行為や取引推奨行為は、自らインサイダー取引を行うことに準じる違法性を有する行為であると評価されたためです。

197条の2第14号の罪が成立するためには、**その情報の伝達行為や取引推奨行為**によって、伝達を受けた者（被伝達者）または売買等をすることを勧められた者（被推奨者）が、業務等に関する重要事実について、公表がされる前に、特定有価証券等に係る売買等をしたことが必要となります。言い換えれば、情報伝達・取引推奨が被伝達者や被推奨者による投資判断の構成要素となり、当該情報伝達・取引推奨によって当該取引が行われたことが必要とされているのです。上記の例であれば、Bは、Aから伝達された重要事実に基づいて甲社株式を買い付けていますので、この要件を充足します。

このような制限を課した趣旨は、伝達者や取引推奨者が処罰される場合を、伝達行為や取引推奨行為により被伝達者・被推奨者が重要事実の公表前に売買等をした場合に限定しているのです。もっとも、情報伝達行為や取引推奨行為が被伝達者・被推奨者にとってインサイダー取引実行の決定的要素となったというほどの強い関連性を要求する趣旨ではなく、一つの考慮要素となった程度の関連性が満たされれば足りると解されていることに留意が必要です。

(b) **公開買付け等事実の伝達行為や取引推奨行為に対する罰則があります**

次に、①公開買付け等事実の伝達行為がなされ、かつ、当該伝達を受けた者が公表前に株券等に係る買付け等または売付け等をした場合や、②取引推奨がなされ、かつ、株券等に係る買付け等または売付け等をすることを勧められた者が公表前に株券等に係る買付け等または売付け等をした場合です。これらの場合においても、公開買付け等事実の伝達行為を行った者や取引推奨を行った者は、5年以下の懲役もしくは500万円以下の罰金に処され、またはこれを併科されます（197条の2第15号。両罰規定である207条1項2号も参照）。

たとえば、Y社に対する公開買付けを行う公開買付者X社の代表取締役Aが、友人のBに対して、公開買付け等事実が未公表の時点で、友人のBに利益を得させる目的で、Bに対して当該公開買付け等事実を伝達して、伝達された公開買付け等事実に基づいて、BがY社株式300株を買い付けた場合、Aの伝達行為は、金商法197条の2第15号が禁止する公開買付け等事実の伝達行為を行ったことになります。そのため、Aに対して、5年以下の懲役もしくは500万円以下の罰金に処され、またはこれを併科される可能性があります。

　公開買付け等事実の伝達行為や取引推奨行為の場合（197条の2第15号）も、業務等に関する重要事実の伝達行為や取引推奨行為（同条14号）の場合と同様に、**その情報の伝達行為や取引推奨行為**によって、伝達を受けた者（被伝達者）または売買等をすることを勧められた者（被推奨者）が、公開買付け等事実について、公表がされる前に、株券等に係る買付け等または売付け等をしたことが必要となります。

4　インサイダー取引や事実の伝達・取引推奨を行うと、課徴金が課されます

(1)　インサイダー取引に関連して課徴金が賦課される違反行為の種類は、6つあります

　ある行為がインサイダー取引に該当するものの、当該違反行為の態様に鑑み、刑事罰を科すほどの害悪性がないと判断された場合には、課徴金納付命令が発せられるとされています。罰則のように裁判手続によって厳格な立証がなされた後に科されるのではなく、課徴金は機動的に賦課することができる、という特徴があります。その意味で、日常の業務などを行う場合に、課徴金が賦課される違反行為の種類に留意する必要があります。

　インサイダー取引に関連して課徴金が賦課される違反行為の種類は、以下

の6つです。すなわち、①業務等に関する重要事実を知って、当該事実が公表される前に、自己の計算において、特定有価証券の売買等をした場合（175条1項1号・2号）、②公開買付け等事実を知って、当該事実が公表される前に、自己の計算において、株券等に係る買付け等または売付け等をした場合（同条2項1号・2号）、③業務等に関する重要事実を知って、当該事実が公表される前に、自己以外の計算において、特定有価証券の売買等をした場合（同条1項3号）、④公開買付け等事実を知って、当該事実が公表される前に、自己以外の計算において、株券等に係る買付け等または売付け等をした場合（同条2項3号）、⑤他人に利益を得させ、または他人の損失の発生を回避させる目的をもって、業務等に関する重要事実を伝達した場合や上場会社等の特定有価証券等に係る売買等をすることを勧めた場合（175条の2第1項）、⑥他人に利益を得させ、または他人の損失の発生を回避させる目的をもって、公開買付け等事実を伝達した場合や公開買付けの対象会社が発行する株券等の買付け等・売付け等をすることを勧めた場合（同条2項）です。

(2) 自己の計算で、業務等に関する重要事実を知って、当該事実が公表される前に、特定有価証券の売買等をした場合には、課徴金が課されます（175条1項1号・2号）

(a) 課徴金を課される者

課徴金を課される対象者は、①「会社関係者」（166条1項）や②業務等に関する重要事実の伝達を受けた者（同条3項）であり、かつ、自己の計算において、インサイダー取引（この場合は、業務等に関する重要事実を知って、当該事実が公表される前に、特定有価証券の売買等をすること）を行った者です。

金商法166条1項が定める「会社関係者」や同条3項が定める「業務等に関する重要事実の伝達を受けた者」には、法人が含まれます。そのため、175条に基づいて課徴金の納付命令を受ける者には、法人も含まれます。つまり、法人の役員等が当該法人の計算でインサイダー取引をした場合には、当該法人が、同条1項各号の「166条1項又は3項の規定に違反して、自己

の計算において」有価証券の売買等をした者となります。

(b) **対象行為**

「自己の計算」とは、経済的な損益が「自己」（この場合は、インサイダー取引を行った「会社関係者」や「業務等に関する重要事実の伝達を受けた者」です）に帰属することをいいます。金商法175条により課徴金が課される行為は、166条1項や同条3項で禁止される行為のうち、「自己の計算において」行われた取引に限定されています。これは、課徴金制度を導入した際に、課徴金の水準を経済的利得相当額にするという考え方から導き出された要件であるとされています。

次に、「有価証券の売付け等」（175条1項1号）や「有価証券の買付け等」（同項2号）は、いずれも、業務等に関する重要事実の公表がされた日以前6カ月以内に行われたものに限定されています。後述のように、175条1項の課徴金額は、インサイダー取引時の取引価格と重要事実が公表された後の差額としています。そのため、インサイダー取引時点と重要事実の公表時点との間が長期にわたると、たとえばマクロ経済の動向などインサイダー取引以外の要因によって課徴金額の算定に影響を及ぼすおそれがあります。このような影響を排除するために、課徴金の対象となる「有価証券の売付け等」や「有価証券の買付け等」を公表がされた日以前6カ月以内に行われたものに限定しているのです。

(c) **課徴金額**

課徴金額は、①ある有価証券の価格が下落する前に「有価証券の売付け等」（175条3項）をした場合に、行為者に経済的利得が生じる場合（同条1項1号）と、②ある有価証券の価格が上昇する前に「有価証券の買付け等」（同条4項）をした場合に、行為者に経済的利得が生じる場合（同条1項2号）とを分けて課徴金額が計算されます。課徴金額算定の考え方は、インサイダー取引時の取引価格と重要事実が公表された後の差額となります。

課徴金額は、業務等に関する重要事実の公表がされた後2週間における最低価格または最高価格を基準として、算出されます（例：175条1項1号ロ）。

これは、重要事実の公表が株価に影響を与える期間を公表後2週間程度と見込み、重要事実の公表前にインサイダー取引として行われた有価証券の買付けの価額と、重要事実の公表日から2週間の最高価格（インサイダー取引として有価証券を売り付けた場合は、最低価格）を基準とした当該インサイダー取引に係る有価証券の価額との差に相当する額を課徴金額としているのです。この趣旨は、重要事実の公表による株価の影響が重要事実の公表日の翌日後に現れているとみられる事例もあることから、違反行為抑止の観点から、違反行為の実行時において行為者が一般的に期待できる利得に相当する額を課徴金額とするのが相当であると考えられているからです。

(d) 上場会社自身が自己株式についてインサイダー取引をした場合

上記に関連して注意すべき点は、上場会社等自らがインサイダー取引を行った場合にも、課徴金が賦課されることです（175条9項）。すなわち、上場会社等（同項）の計算において、当該上場会社等の役員等（166条1項1号）が、金商法166条1項に規定する売買等をした場合には、175条1項が準用され（同条9項）、当該上場会社等にも課徴金が賦課されることになります。166条1項が定める会社関係者のなかには上場会社等は含まれていないことから、175条9項は、上場会社等自らがインサイダー取引を行った場合にも、課徴金が賦課されることを明らかにした規定とされています。課徴金において、166条の法令解釈とは別の処理が行われていることに留意が必要です。

(3) 自己の計算で、公開買付け等の事実を知って、当該事実が公表される前に、株券等に係る買付け等または売付け等をした場合には、課徴金が課されます（175条2項1号・2号）

(a) 課徴金を課される者

課徴金を課される対象者は、①「公開買付者等関係者」（167条1項）や②公開買付け等の実施に関する事実または公開買付け等の中止に関する事実（公開買付け等事実）の伝達を受けた者（同条3項）であり、かつ、自己の計

算において、インサイダー取引（この場合は、①公開買付け等の実施に関する事実について、当該事実の公表前に、対象会社の株券等の買付け等をすることや②公開買付け等の中止に関する事実について、当該事実の公表前に、対象会社の株券等の売付け等をすることです）を行った者です。

(b) 対象行為

行為者が、自己の計算で、①公開買付け等の中止に関する事実を知って、公開買付けの対象会社が発行する株券等の売付け等をした場合（175条2項1号）や、②公開買付け等の実施に関する事実を知って、当該株券等の買付け等をした場合（同項2号）、課徴金が課されます。

①公開買付け等の実施に関する事実について、当該事実の公表前に、対象会社の発行する公開買付けの対象会社が発行する有価証券の買付け等をする行為が課徴金の対象行為とされたのは、公開買付け等が実施される場合には株券等の価格が上昇することから、価格が上昇する前に株券等の買付け等を行って利益を得る行為を禁止するためです。また、②公開買付け等の中止に関する事実について、当該事実の公表前に、有価証券の売付け等をする行為が課徴金の対象行為とされたのは、公開買付け等が中止される場合には株券等の価格が下落することから、価格が下落する前に株券等の売付け等を行って利益を得る行為を禁止するためです。

なお、対象会社の発行する株券等を公開買付者自らが買い付ける行為を、インサイダー取引として禁止していません（167条参照）。そのため、公開買付者等が法人である場合、当該公開買付者等の計算において、その役職員が行う当該株券等の買付け等は規制の対象とはなりません。同様に、課徴金の対象行為についても、公開買付者自身による当該株券等の買付け等・売付け等も課徴金の対象とはなりません。そのため、公開買付けにおいては、金商法175条9項のような準用規定が設けられていません。

(c) 課徴金額

課徴金額は、①公開買付け等の中止に関する事実を知って、公開買付けの対象会社が発行する「有価証券の売付け等」（175条3項）をした場合に、行

為者に経済的利得が生じる場合（同条2項1号）と、②ある有価証券の価格が上昇する前に「有価証券の買付け等」（同条4項）をした場合に、行為者に経済的利得が生じる場合（同条1項2号）とを分けて課徴金額が計算されます。課徴金額算定の基本的な考え方は、インサイダー取引時の取引価格と重要事実が公表された後の差額となります。

⑷ 自己以外の計算で、業務等に関する重要事実を知って、当該事実が公表される前に、特定有価証券の売買等をした場合には、課徴金が課されます（175条1項3号）

⒜ 課徴金を課される者

課徴金を課される対象者は、自己以外の計算において、業務等に関する重要事実を知って、当該事実が未公表の段階で、インサイダー取引をした①資産運用業者や②資産運用業者以外の者です（175条1項3号）。

⒝ 対象行為

課徴金対象行為は、「自己以外の計算」で、①資産運用業者が運用委託契約等に基づいて資産運用業務として売買等を行う場合と②資産運用業者以外の者が、単発で取引を行う場合とに分けられます。

⒞ 課徴金額

⑴ 資産運用業者が運用委託契約等に基づいて資産運用業務として売買等を行う場合

資産運用業者が運用委託契約等に基づいて資産運用業務として売買等を行う場合の課徴金額は、当該売買等をした日の属する月における運用の対価の額に相当する額に3を乗じて得た額となります（175条1項3号イ、課徴金府令1条の21第1項）。

そもそも、資産運用業者は、自己以外の計算においてインサイダー取引を行うことによりファンドなどの運用成績を向上させることができます。運用成績を向上させることは自己の評価を向上させることになります。このことにより、資産運用業者は、既存顧客との関係継続を通じて、運用報酬を維持

するという経済的利益を得ることができます。

　ところで、資産運用業の実務では、運用委託を行う投資者は、資産運用業者から四半期ごと（3カ月ごと）に運用状況の報告を求めています（資産運用業者の運用成績が悪ければ契約期間満了前でも運用委託契約を解除する可能性があります）。このような四半期ごと（3カ月ごと）に運用状況の報告を求める実務をふまえて、金商法は、資産運用業者がインサイダー取引を行うことにより得られる利得を、運用委託の継続から得られる四半期分（＝3カ月間）の運用報酬と同額であると考えたのです。そこで、課徴金額は、当該売買等をした日の属する月における運用の対価の額に相当する額に3（＝3カ月分）を乗じて得た額と定められているのです（古澤和之ほか監修『逐条解説　2013年金融商品取引法改正』（商事法務、2014年）166頁）。

　(ロ)　資産運用業者以外の者が、単発で取引を行う場合

　他方、資産運用業者以外の者が、単発で取引を行う場合には、違反行為に対する直接的な報酬等が、当該違反者の得る経済的利得となります。この場合には、違反行為の対価を課徴金額とする計算方法が適用されます。すなわち、当該売買等に係る手数料、報酬その他の対価の額として内閣府令で定める額が課徴金額となります（175条1項3号ロ、課徴金府令1条の21第3項）。

(5)　自己以外の計算で、公開買付け等の事実を知って、当該事実が公表される前に、株券等に係る買付け等または売付け等をした場合には、課徴金が課されます（175条2項3号）

(a)　課徴金を課される者

　課徴金を課される対象者は、自己以外の計算において、公開買付け等の実施に関する事実または公開買付け等の中止に関する事実を知って、当該事実が未公表の段階で、インサイダー取引をした①資産運用業者や②資産運用業者以外の者です（175条1項3号）。

(b)　対象行為

　課徴金対象行為は、「自己以外の計算」で、①資産運用業者が運用委託契

約等に基づいて資産運用業務として買付け等または売付け等を行う場合と②資産運用業者以外の者が、単発で取引を行う場合とに分けられます。

(c) 課徴金額

(イ) 資産運用業者が運用委託契約等に基づいて資産運用業務として買付け等または売付け等を行う場合

資産運用業者が運用委託契約等に基づいて資産運用業務として買付け等または売付け等を行う場合の課徴金額は、当該売買等をした日の属する月における運用の対価の額に相当する額に3を乗じて得た額となります（175条2項3号イ、課徴金府令1条の21第5項）。趣旨は、上記(4)と同じです。

(ロ) 資産運用業者以外の者が、単発で取引を行う場合

資産運用業者以外の者が、単発で取引を行う場合には、違反行為に対する直接的な報酬等が、当該違反者の得る経済的利得となります。この場合には、違反行為の対価を課徴金額とする計算方法が適用されます。すなわち、当該買付け等または売付け等に係る手数料、報酬その他の対価の額として内閣府令で定める額が課徴金額となります（175条2項3号ロ、課徴金府令1条の21第6項）。

(6) 他人に利益を得させ、または他人の損失の発生を回避させる目的をもって、①業務等に関する重要事実を伝達した場合や②上場会社等の特定有価証券等に係る売買等をすることを勧めた場合には、課徴金が課されます（175条の2第1項）

(a) 課徴金を課される者

課徴金を課される対象者は、①インサイダー取引規制の対象となる特定有価証券等の仲介関連業務を行う者（典型例が証券会社）、②特定有価証券等に係る有価証券募集等において、売りさばき業務を行おうとする者（典型例が引受証券会社）、③上記①および②以外の者、④上場会社等の役員等です。

(b) 対象行為

情報伝達や取引推奨行為の抑止を図る目的で、情報伝達や取引推奨が行わ

れた場合を課徴金の対象としています。

(イ) 仲介関連業務に関して違反行為をした場合（175条の2第1項1号）

インサイダー取引規制の対象となる特定有価証券等の仲介関連業務を行う者（典型例が証券会社）が、顧客に対して、特定有価証券等に関する未公表の業務等に関する重要事実を伝達し、または当該重要事実を知りながら取引推奨することに対して課徴金が課されます。

実務では、証券会社は、資産運用業者等から、3カ月ごとなどの一定期間ごとにブローカーとしての評価を受けているので、顧客に対する情報伝達や取引推奨によりブローカー評価を高めることにより、取引注文の増加や仲介手数料の確保につながると指摘されています。言い換えれば、資産運用業者等から、3カ月ごとの一定期間ごとにブローカーとしての評価を受けていることを前提に、重要事実の伝達行為や取引推奨行為によってブローカーとしての評価を維持・向上させて、仲介業務の対価を3カ月分得ていると評価することができるのです。

(ロ) 募集等業務に関して違反行為をした場合（175条の2第1項2号）

募集等業務は、有価証券の募集・売出しの取扱いまたは私募・特定投資家向け売付け勧誘等の取扱いの業務をいいます（2条第8項9号）。特定有価証券等に係る有価証券募集等において、売りさばき業務を行おうとする者（典型例が引受証券会社）が、顧客に対して、当該有価証券の発行者における業務等に関する重要事実を、未公表の段階で、伝達し、または当該重要事実を知りながら取引推奨することに対して課徴金が課されます。

募集等業務に関して重要事実の伝達行為や取引推奨行為をすることは、①ブローカーとしての評価を上げて仲介業務の対価を得ることと②顧客をつなぎとめて、売りさばき業務の対価を得ることという2つの側面をもちます。

第1の側面である「ブローカーとしての評価を上げて仲介業務の対価を得ること」の意義は、前述の「(イ)仲介関連業務に関して違反行為をした場合（175条の2第1項1号）」と同様です。

第2の側面である「顧客をつなぎとめて、売りさばき業務の対価を得るこ

と」の意義は、次のとおりです。

　すなわち、①引受証券会社が、発行者に関する未公表の重要事実を伝達することや、発行者が発行する有価証券に対する取引の推奨を行うことによって、ある募集における引受証券会社の顧客はあらかじめ空売りやポジションの調整が可能となります。また、②引受証券会社も、重要事実の伝達・取引推奨を手段として、当該募集における顧客にポジション調整の機会を与えることによって、当該顧客をつなぎとめることができます。上記①と②により、引受証券会社は、当該募集において有価証券を予定どおり売りさばくことが可能となります。つまり、重要事実の伝達や取引推奨を利用することによって、売りさばき業務に係る対価を得ることができるのです。

(c)　課徴金額

　違反行為の抑止の観点から、課徴金額は、重要事実の伝達行為や取引推奨行為の態様に応じて、一般的・抽象的に想定される経済的利得相当額とされています。以下で対象行為ごとに概観しましょう。

　(イ)　仲介関連業務に関して違反行為をした場合（175条の2第1項1号）

　仲介関連業務に関して違反行為をした場合には、仲介関連業務の対価の3カ月分に相当する額を課徴金額としています。すなわち、当該情報受領者等（当該違反行為により当該伝達を受けた者または当該売買等をすることを勧められた者）から当該違反者に対し支払われる当該違反行為をした日の属する月における仲介関連業務の対価の額に相当する額に3を乗じて得た額を、課徴金額としています（175条の2第1項1号、課徴金府令1条の25）。これは、資産運用業者等から、3カ月ごとの一定期間ごとにブローカーとしての評価を受けていることを前提に、重要事実の伝達行為や取引推奨行為によってブローカーとしての評価を維持・向上させて、仲介業務対価を3カ月分得ていると考えられたのです（古澤・前掲172頁）。

　(ロ)　募集等業務に関して違反行為をした場合（175条の2第1項2号）

　前述のように、募集等業務に関して重要事実の伝達行為や取引推奨行為をすることは、①ブローカーとしての評価を上げて仲介業務の対価を得ること

と②顧客をつなぎとめて、売りさばき業務の対価を得ることという2つの側面をもちます。そのため、この場合の課徴金額は、①仲介関連業務については、当該情報受領者等から当該違反者に対し支払われる当該違反行為をした日の属する月における仲介関連業務の対価の額に相当する額に3を乗じて得た額と②引受業務手数料に相当する額に2分の1を乗じて得た額の合計額となります（175条の2第1項2号）。

上記の課徴金額算出の考え方は次のとおりです。

まず、第1の側面である「ブローカーとしての評価を上げて仲介業務の対価を得ること」に対する課徴金額算出の考え方は、仲介関連業務に関して違反行為をした場合と同様に、仲介関連業務の対価の3カ月分に相当する額を課徴金額としています（175条の2第1項2号イ）。

第2の側面である「顧客をつなぎとめて、売りさばき業務の対価を得ること」の課徴金額算出についてです。有価証券の発行者から引受証券会社等に支払われる引受手数料は、引受業務および売りさばき業務の対価です。売りさばき業務の対価は、販売の難易度や引受リスク等を考慮して、引受手数料全体の約半分を占めることが、多いとされています。このような実務を前提にすれば、売りさばき業務に関して違反行為の一般的・抽象的に想定される経済的利得相当額は、引受手数料の半分に相当する額ととらえることができます（古澤・前掲173頁）。そのため、「顧客をつなぎとめて、売りさばき業務の対価を得ること」に対する課徴金額は、引受業務手数料に相当する額に2分の1を乗じて得た額となるのです（175条の2第1項2号ロ）。

(ハ)　上記(イ)および(ロ)以外の場合（175条の2第1項3号）

重要事実を受領した者や取引の推奨を受けた者が取引をしても、情報伝達や取引推奨を行う者には当該取引から直接の利益を得ることはありません。他方、情報伝達や取引推奨を行う者と情報受領者等とが長期にわたる親密な関係にあることが前提であれば、情報受領者等がインサイダー取引を行うことによって、情報伝達や取引推奨を行う者は、情報受領者等からなんらかの利得の提供を受けている可能性があります。

共同して犯罪行為を行った者（このケースでは、インサイダー取引をした「重要事実を受領した者や取引の推奨を受けた者」と「情報伝達や取引推奨をした者」との関係です）の間では、得られた利益を折半することが多いことから、情報伝達や取引推奨を行う者は、情報受領者等が取引により得た利益の少なくとも半額程度の価値に当たる利得を享受していると評価できます（古澤・前掲175頁）。つまり、情報伝達や取引推奨をした者に対する課徴金額を、重要事実を受領した者や取引の推奨を受けた者がインサイダー取引によって得た利得相当額の2分の1に相当する額と擬制しているのです。

そこで、上記(イ)および(ロ)以外の場合において、当該違反行為により当該情報受領者等が行った当該買付け等または売付け等によって得た利得相当額に2分の1を乗じて得た額を課徴金額としています（175条の2第1項3号）。

　(ニ)　上場会社等の役員等が、当該上場会社等の業務として重要事実の伝達や取引推奨を行った場合（175条の2第13項）

上場会社等の役員等（166条1項1号）が、他人に利益を得させ、または他人の損失の発生を回避させる目的をもって、当該上場会社等の業務として重要事実の伝達や取引推奨を行った場合も、課徴金が課されます（175条の2第13項）。課徴金額は、金商法175条の2第1項と同様です（同条13項による同条1項の準用）。

(7)　他人に利益を得させ、または他人の損失の発生を回避させる目的をもって、①公開買付け等事実を伝達した場合や②公開買付けの対象会社が発行する株券等の買付け等・売付け等をすることを勧めた場合には、課徴金が課されます（175条の2第2項）

他人に利益を得させ、または他人の損失の発生を回避させる目的をもって、①公開買付け等事実を伝達した場合や②公開買付けの対象会社が発行する株券等の買付け等・売付け等をすることを勧めた場合も、課徴金が課される対象行為となります。課徴金の考え方は、前記(6)と同様です。

留意すべき点として、公開買付者等の役員等が、当該公開買付者等の業務

として情報伝達や取引推奨を行った場合には、公開買付者等自身に課徴金が課されることになることです（175条の2第14項）。

第8章

インサイダー取引規制を補完する制度

1 上場会社等の役員等は、短期売買利益を会社に返還します

(1) 短期売買利益返還制度の概要

　上場会社等の役員または主要株主が、その職務または地位により取得した秘密を不当に利用することを防止するため、当該上場会社等の特定有価証券等について、自己の計算において、買付け等をした後6カ月以内に売付け等をして利益を得た場合や、売付け等をした後6カ月以内に買付け等をして利益を得た場合においては、当該上場会社等は、その利益を上場会社等に提供すべきことを請求することができます（164条1項）。

　この規定の特徴は、役員等が6カ月以内の短期売買を行えば、売買の理由を問わず形式的に適用されることにあります【図8－1】。そのため、役員等は、短期売買により得た利益を会社の請求により会社に返還しなければなりません。言い換えれば、本条があることにより、役員等は、短期売買を自重することになります。つまり、本条は、形式的に短期売買の利益返還を促すことによって、会社の業務等に関する重要事実など「インサイダー情報」に接する機会がある役員等がインサイダー取引を行うことを未然に防止することをねらっているのです。

【図8－1】　短期売買の例

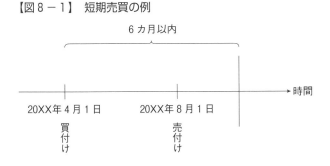

(2) 規制の対象となる者

(a) 役　員

本条（164条）は、役員の内容について定めていません。他方、同法21条1項1号は、役員を「取締役、会計参与、監査役若しくは執行役又はこれらに準ずる者」と定めています。同号カッコ書きには、「第163条から第167条までを除き、以下同じ。」と規定されています。この条文を言葉どおりに解釈すれば（文理解釈）、21条1項1号の役員の定義は、本条（164条）の場合に適用されません。しかし、学説は、他の解釈も困難であることから、文理とは異なり、本条（164条）の役員も、「取締役、会計参与、監査役若しくは執行役又はこれらに準ずる者」と理解しています。

(b) 主要株主

主要株主とは、自己または他人（仮設人を含む）の名義で、総株主等の議決権の10％以上の議決権を保有している株主をいいます（163条1項。例外（取得または保有の態様その他の事情を勘案して内閣府令で定めるものを除く）については、規定なし）。

(3) 対象となる行為

利益返還請求の対象となるのは、上場会社等の役員または主要株主が、当該上場会社等の特定有価証券等について、自己の計算において、買付け等をした後6カ月以内に売付け等をして利益を得た場合や、売付け等をした後6カ月以内に買付け等をして利益を得た場合です。

まず、返還請求を受ける者は、上場会社等の役員または主要株主に限定されます。

次に、自己の計算において、短期売買を行うことが必要です。そのため、会社のために短期売買を行うことは返還請求の対象となりません。

そして、問題となる短期売買は、①買付け等をした後6カ月以内に売付け等をすること、または、②売付け等をした後6カ月以内に買付け等をするこ

とです。言い換えれば、たとえば、買付け等をした後7カ月後に売付け等をしても返還請求の対処となりません。

　本条(164条)の「利益」の算定方法は、特定有価証券等の売付け等の価額(特定有価証券等の売付け等の価格に売買が合致した数量を乗じて得た額)から、特定有価証券等の買付け等の価額(特定有価証券等の買付け等の価格に売買が合致した数量を乗じて得た額)を控除した額を利益の額とするものです(取引規制府令34条1項)。売買が合致した数量にかかる手数料は、上記の利益の額から控除されます。売付けと買付けの組合せは、最も早い時期に行われたものから順次組み合わせます(先入先出方式：取引規制府令34条2項)。また、同一日において複数の買付け等または売付け等を行ったときは、実際の売買の順番にかかわらず、当該買付け等については最も単価が低いものから順に買付け等を行ったものとみなし、当該売付け等については最も単価が高いものから順に売付け等を行ったものとみなすことになっています(取引規制府令34条2項)。

　注意すべきは、上記の組合せにおいて差損が生じても、本条(164条)の「利益」から控除されることはない点です(つまり、各組合せの差益の合計が「利益」の基礎額となります。三國谷・前掲177頁)。

(4)　返還請求

　上場会社等の役員または主要株主が短期売買をした場合、当該上場会社等は、その利益を上場会社等に提供すべきことを請求することができます(164条1項)。その上場会社等が利益の返還請求をしない場合、当該上場会社等の株主は、一定の要件を満たすと、当該上場会社等にかわって、短期売買をした役員または主要株主に対して、その利益を上場会社等に提供すべきことを請求することができます(同条2項)。

　注意すべきは、判例上、返還請求する者は、「上場会社等の役員又は主要株主が、その職務又は地位により取得した秘密を不当に利用」したことを証明する必要はない、と解されていることです(最判平成14年2月13日民集56巻

2号331頁)。つまり、役員等が秘密を不当に利用したこと（秘密の不当利用）は、返還請求のための要件にはならないということです。このように解釈される理由は、秘密の不当利用を返還請求のための要件とすると返還請求が困難となり、本条（164条）の規制目的が阻害されることなどに求められています。

2　金融商品取引業者等は、インサイダー取引に関連する特別の規制に服します

(1)　インサイダー取引の未然防止

　金融商品取引業者等またはその役員もしくは使用人は、顧客がインサイダー取引を行うことを未然に防止しなければなりません。すなわち、その顧客の注文が、インサイダー取引禁止規定に違反することや、違反するおそれのあることを知りながら、その有価証券の売買その他の取引等の受託等をすることは禁止されています（金商法38条9号、業府令117条1項13号）。言い換えれば、証券会社の役職員が、インサイダー取引の仲介をすることを禁止することによって、顧客によるインサイダー取引を未然に防止するのが、本条の目的です。

(2)　インサイダー取引に関連した行為の禁止

(a)　注文動向等の情報に関連した取引の禁止

　個人である金融商品取引業者または金融商品取引業者等の役員もしくは使用人が、自己の職務上の地位を利用して、顧客の有価証券の売買等に係る注文の動向その他職務上知りえた特別の情報に基づいて、有価証券の売買等を行うことも禁止されています（業府令117条1項12号）。

　顧客のある有価証券の売買についての注文は、その有価証券の価格に影響を与えます。このような注文動向に関する情報を、金融商品取引業者等の役

員等は、顧客から注文を受ける立場にありますから、一般の人よりも先に知ることができます。また、注文動向のような市場の状況に関する情報は、インサイダー取引規制の対象である「インサイダー情報」に該当しない場合があります。そうすると、金融商品取引業者等の役員等はこのような情報に職務上接することができるので、金融商品取引業者等の役員等が注文動向のような市場の状況に関する情報に基づいて取引することが可能であるにもかかわらず、このような取引を金商法166条や167条により規制できないことになります。そこで、金融商品取引業者等の役員等が、自己の職務上の地位を利用して、「インサイダー情報」よりも広い「顧客の有価証券の売買等に係る注文の動向その他職務上知り得た特別の情報」に基づいて、有価証券の売買等を行うことを禁止したのです。

(b) 法人関係情報に関連した行為の禁止

　(イ)　法人関係情報

　法人関係情報とは、①上場会社等の運営、業務または財産に関する公表されていない重要な情報であって顧客の投資判断に影響を及ぼすと認められるもの、②公開買付け等の実施または中止の決定に係る公表されていない情報をいいます（業府令1条4項14号）。インサイダー取引規制の対象となる「インサイダー情報」と異なり、法人関係情報は、①軽微基準がないこと、②（「インサイダー情報」は投資判断に**著しい影響**を及ぼす必要があるのに対して、）投資判断に**影響**を及ぼすことで足りること、という特徴があります。そのため、法人関係情報がカバーする範囲は、「インサイダー情報」よりも広いといえます。

　(ロ)　法人関係情報を利用した勧誘の禁止

　金融商品取引業者等またはその役員もしくは使用人は、有価証券の売買等につき、顧客に対して当該有価証券の発行者の法人関係情報を提供して勧誘する行為を禁止されています（業府令117条1項14号）。これは、法人関係情報を提供して有価証券の売買などを勧誘する行為を禁止するものです。その趣旨は、取引より前の段階の勧誘を禁止することによって、インサイダー取

引を未然に防止することにあります。

　また、金融商品取引業者等またはその役員もしくは使用人は、有価証券の売買等につき、当該有価証券の発行者の法人関係情報が公表される前に当該売買等をさせることによって①顧客に利益を得させる目的や②当該顧客の損失の発生を回避させる目的で、当該顧客に対して当該売買等をすることを勧めて勧誘する行為も禁止されています（業府令117条1項14号の2）。この規定は、法人関係情報の提供の有無にかかわらず、顧客に利益を得させ、または当該顧客の損失の発生を回避させる目的による、有価証券の売買等の勧誘を禁止するものです。この規定の趣旨も、取引より前の段階の勧誘を禁止することによって、インサイダー取引を未然に防止することにあります。

　(ハ)　自己の計算による取引の禁止

　金融商品取引業者等またはその役員もしくは使用人は、法人関係情報に基づいて、自己の計算において当該法人関係情報に係る有価証券の売買その他の取引等をする行為も禁止されています（業府令117条1項16号）。法人関係情報を利用した取引を禁止する規定です。その趣旨は、「インサイダー情報」よりも広範な法人関係情報に基づく不公正取引を禁圧することにあります。

　(ニ)　提供の禁止

　金融商品取引業者等自らが、または、金融商品取引業者等が第三者に委託して、有価証券の募集に係る有価証券に対する投資者の需要の見込みに関する調査（プレヒアリング）を行う場合、情報管理体制を整備することなく、プレヒアンリングの調査対象者に対して、金融商品取引業者等またはその役員もしくは使用人が、当該募集に係る法人関係情報を提供することは禁止されています（業府令117条1項15号）。

　これは、プレヒアリングに関連するインサイダー取引を未然に防止する規定です。

第 9 章

フェア ディスクロージャー ルール

◆フェアディスクロージャールール

　フェアディスクロージャールール（以下、「FDルール」とします）が金商法に新設され、2018年4月から適用されることになりました。本章では、新しい規制であるFDルールを概観します。

1　FDルールの全体像：FDルールの趣旨は、投資者に重要情報への公平なアクセスを確保することです

　FDルールは、アナリストなどに、インサイダー取引規制上の重要事実ではないものの、投資判断に重要な影響を与える可能性のある事実を伝達することが多くなっていて、一般投資者との公平性が損なわれているとの指摘を受けて設けられました。

　たとえば、発行者であるX社が、未公開のX社に関する重要情報を証券会社のアナリストA氏だけに教えた場合、A氏は他の投資家が知らない重要情報（後述するように重要情報はインサイダー取引規制の重要事実を含みます）を知って取引できることになります。重要情報は、X社が発行する株式の価額に重要な影響を及ぼす蓋然性がある情報です。伝達を受けた重要情報がインサイダー取引規制の重要事実に該当しないものであっても、A氏以外の投資者は、不公平を感じて、X社の株式への投資をあきらめるかもしれません。

　そこで、FDルールでは、投資者に重要情報への公平なアクセスを確保し、重要情報の公平な開示を発行者である株式会社（例：X社）に強制します【図9−1】。

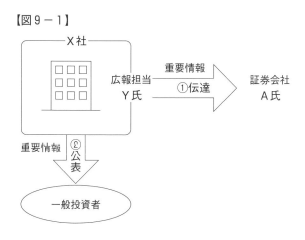

2 　FDルールの対象となるのは、「重要情報」です

(1)　重要情報とは、①上場会社等の運営、業務または財産に関する②公表されていない③投資者の投資判断に重要な影響を及ぼす情報です

　重要情報とは、「上場会社等の運営、業務又は財産に関する公表されていない重要な情報であって、投資者の投資判断に重要な影響を及ぼすもの」を意味します（27条の36第1項）。「上場会社等の運営、業務又は財産」とは、上場されている株式等を発行している上場会社等の資産状態など、株式等の価額に影響を与える発行者の事情・状況を意味します。「公表」とは、FDルールが定める公表を意味します。「投資者の投資判断に重要な影響を及ぼすもの」とは、簡単にいえば、その情報を知っていれば、その情報が影響を与える株式等の取引をしていなかった、あるいは、取引をしていたといえるかどうかで判断します。たとえば、「X社が新製品を開発した」という情報を投資者が知っていれば、X社の株式を買ったという場合において、「X社が新製品を開発した」という情報は、投資者の投資判断に重要な影響を及ぼす情報となります。

　上記のことから、重要情報は、インサイダー取引規制における重要事実（後述(2)）と「発行者又は金融商品に関係する未公表の確定的な情報であって、公表されれば発行者の有価証券の価額に重要な影響を及ぼす蓋然性があ

【図9-2】　重要事実と重要情報

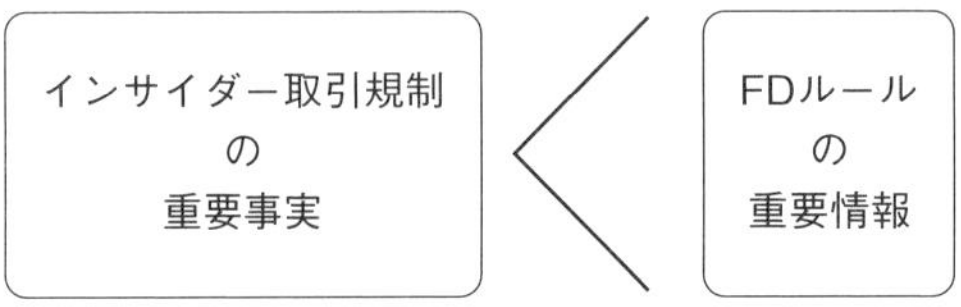

| インサイダー取引規制の重要事実 | ＜ | FDルールの重要情報 |

るもの」(後述(3))で構成されます。つまり、FDルールの重要情報は、インサイダー取引規制における重要事実を含むことになります【図9－2】。

(2) 重要情報には、インサイダー取引規制における重要事実が含まれます

　重要情報には、インサイダー取引規制における重要事実が含まれます。インサイダー取引規制における重要事実は、次のように大別されます（詳細は、第1章を参照してください）。

① 決定事実
　(イ)　株式の発行や自己株式の処分に関する決定
　(ロ)　資本金の額の減少
　(ハ)　資本準備金または利益準備金の額の減少
　(ニ)　自己の株式の取得
　(ホ)　株式無償割当てまたは新株予約権無償割当て
　(ヘ)　株式の分割
　(ト)　剰余金の配当
　(チ)　株式交換
　(リ)　株式移転
　(ヌ)　合併
　(ル)　会社の分割
　(ヲ)　事業の全部または一部の譲渡または譲受け
　(ワ)　解散
　(カ)　新製品または新技術の企業化
② 発生事実
　(イ)　災害に起因する損害または業務遂行の過程で生じた損害
　(ロ)　主要株主の異動
　(ハ)　特定有価証券または特定有価証券に係るオプションの上場の廃止または登録の取消しの原因となる事実

③　決算情報の修正事実
④　上場会社等に係る投資者の投資判断に著しい影響を及ぼす事実
⑤　上場会社等の子会社における重要事実（＝㈠決定事実、㈡発生事実、㈢決算情報の修正事実、㈣投資者の投資判断に著しい影響を及ぼす事実）

(3) 重要情報には、インサイダー取引規制における重要事実以外の情報も含まれます

　重要情報には、発行者または金融商品に関係する①**未公表**の②**確定的な情報**であって、③**公表されれば発行者の有価証券の価額に重要な影響を及ぼす蓋然性がある**情報も含まれます。

　「未公表」とは、FDルールが定める「公表」が行われていないという意味に解釈することができます。

　次に、「確定的」とは、情報の内容が事実として熟度があるということです。つまり、うわさは、事実に裏付けられた情報ではありませんから、「確定的な情報」には当たりません。しかし、特定の投資者を対象とした説明会で、広報担当者が「〇〇は、研究中です」や「〇〇は、開発中です」というコメントをした場合であっても、確定的事実に当たる点には注意が必要です。なぜなら、「〇〇が研究中または開発中である」という事実については確定的であるからです。

　そして、「有価証券の価額」とは、特定の有価証券（例：X社が発行する株式）に着目したもので、その有価証券の価格に相当する金額（例：X社の株式の金銭的価値）のことです。

　また、「蓋然性」とは、「ある事が実際に起こるか否かの確実さの度合」（新村出編『広辞苑〔第7版〕』（岩波書店、2018年）486頁）という意味です。「重要な影響を及ぼす蓋然性」とは、大きな影響を及ぼす可能性がきわめて高いことを意味します。そのため、「公表されれば有価証券の価額に重要な影響を及ぼす蓋然性のある情報」とは、その情報が公表されることによって、有価証券の価額を大きく変動させる可能性が相当程度高い情報のことを

指します。発行者に関する未公表の情報は、その発行者が発行する有価証券の価額を大きく変動させる可能性はありますが、このような可能性があるだけでは、「蓋然性」がありません。そのため、発行者に関する未公表の情報であっても、有価証券の価額に重要な影響を及ぼす蓋然性がない情報は、重要情報に該当しません。

(4) FDルールの対象となる「重要情報」は、インサイダー取引規制の対象となる「重要事実」よりも広くなることに注意が必要です

　重要情報には、インサイダー取引規制における重要事実以外の情報も含まれますから、重要情報に含まれる情報は、インサイダー取引規制の対象となる重要事実に限定されません。インサイダー取引規制における重要事実は、軽微基準や重要基準がありました。たとえば、売上高に関する情報を考えてみましょう。当期売上高の予想値が100億円と公表したX社が、当期売上高の予想値を91億円に下方修正した場合、この売上高の予想値を下方修正するという決算情報は、インサイダー取引規制における重要事実に該当しません。なぜなら、売上高の場合、10％以上の増減がある場合にのみ、重要事実に該当するからです（取引規制府令51条1号）。このように、インサイダー取引規制における重要事実は、未公表の情報であっても、軽微基準に該当する場合や重要基準に該当しない場合には、インサイダー取引規制における重要事実（つまり、インサイダー取引規制の対象となる情報）に該当しません。

　他方、当期売上高の予想値が100億円と公表したX社が、当期売上高の予想値を91億円に下方修正した場合、この売上高の予想値を下方修正するという決算情報は、（重要基準をクリアーしないので、インサイダー取引規制における重要事実に該当しませんが）その情報が公表されることによって、有価証券の価額を大きく変動させる可能性がきわめて高い情報となります。このように、公表されれば有価証券の価額に重要な影響を与える情報も、FDルールの重要情報に含まれることに注意が必要です。

⑸ 中長期的な企業戦略・計画等に関する経営者との議論のなかで交わされる情報、すでに公表した情報の一般的説明等や、モザイク情報それ自体は、重要情報に該当しません

ⓐ 今後の中長期的な企業戦略・計画等に関する経営者と投資者との建設的な議論のなかで交わされる情報

　今後の中長期的な企業戦略・計画等に関する経営者と投資者との建設的な議論のなかで交わされる情報は、一般に、それ自体では重要情報に該当しないと考えられています。未確定な将来に関する一般的な情報だからです。

　もっとも、今後の中長期的な企業戦略・計画等に関する情報であっても、それ自体として投資判断に活用できる情報であり、公表されれば有価証券の価額に重要な影響を及ぼす蓋然性のあるものであれば、重要情報に該当します。たとえば、中期経営計画の内容として公表を予定している営業利益・純利益に関する具体的な計画内容などが、重要情報に該当する可能性があります。

ⓑ すでに公表した情報の詳細な内訳や補足説明、公表ずみの業績予想の前提となった経済の動向の見込み

　すでに公表した情報の詳細な内訳や補足説明、公表ずみの業績予想の前提となった経済の動向の見込みも、一般に、それ自体では重要情報に該当しないと考えられています。すでに公表した情報の詳細な内訳や補足説明は、すでに公表された情報に関する説明ですから、通常、有価証券の価額に影響を与える未公表の情報が含まれないからです。また、公表ずみの業績予想の前提となった経済の動向の見込みも、未確定な将来に関する一般的な情報に当たると考えられます。

　もっとも、補足説明等のなかに、それ自体として公表されれば有価証券の価額に重要な影響を及ぼす蓋然性のある情報が含まれる場合は、その補足説明等に含まれた情報は、重要情報に該当します。たとえば、補足説明等に、企業の業績と契約ずみの為替予約レートの関係に関する情報が含まれ、その

情報と、その後の実際の為替レートの数値と比較することで容易に今後の企業の業績変化が予測できるような場合、企業の業績と契約ずみの為替予約レートの関係に関する情報は、重要情報に該当する可能性があります。

(c) モザイク情報

モザイク情報とは、他の情報と組み合わせることで投資判断に活用できるが、その情報のみでは、直ちに投資判断に影響を及ぼすとはいえない情報のことです（金融審議会 市場ワーキング・グループ「フェア・ディスクロージャー・ルール・タスクフォース報告」（平成28年12月7日））。モザイク情報それ自体は、FDルールの重要情報に該当しません。

モザイク情報の例として、工場見学や事業別説明会で一般に提供されるような情報などがあげることができます。もっとも、モザイク情報は、専門家が、他の情報と組み合わせて、一般投資家では導き出せないような含意を導き出して投資判断に活用される性質をもちます（「フェア・ディスクロージャー・ルール・タスクフォース第1回」議事録（大崎発言）（2016年10月21日参照）。このように専門家の分析能力に依存するので、モザイク情報を具体的に列挙することは困難です。

重要情報に該当する可能性が低い情報をまとめると次のようになります【図9－3】。

【図9－3】 重要情報に該当する可能性が低い情報

(a) 今後の中長期的な企業戦略・計画等に関する経営者と投資家との建設的な議論のなかで交わされる一般的情報
(b) ①すでに公表した情報の詳細な内訳や補足説明、②公表ずみの業績予想の前提となった経済の動向の見込み
(c) 工場見学や事業別説明会で一般に提供されるような情報など、他の情報と組み合わせることで投資判断に活用できるが、その情報のみでは、直ちに投資判断に影響を及ぼすとはいえない情報（モザイク情報）

(出所) 金融庁総務企画局「金融商品取引法第27条の36の規定に関する留意事項について（フェア・ディスクロージャー・ルールガイドライン）」（平成30年4月1日）を基に、筆者が作成

ある情報がFDルールの対象となる重要情報に該当するか否かは、個別の状況に依存するので、注意が必要です【図9－4】。

【図9－4】

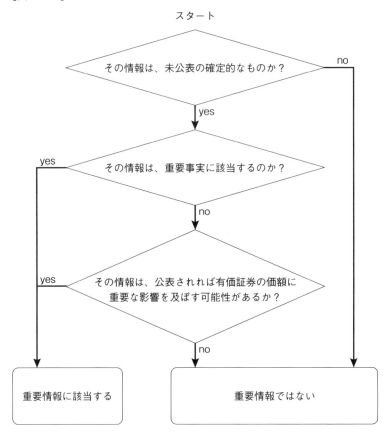

3　FDルールによる規制を受ける行為は、重要情報の「伝達」です

(1)　「伝達」の意味は、法定の情報提供者が、法定の「取引関係者」に対して、重要情報を伝えることです

　「伝達」の意味は、法定の情報提供者が、法定の「取引関係者」に対して、口頭や書面等によって重要情報を伝えることです【図9－5】。FDルールの趣旨は、発行者の重要情報を、特定の人のみに知らせることから生じる不公平を公表によって是正することにあります。そのため、FDルールを、発行者の重要情報を特定の人に伝えた場合にのみ適用すれば、FDルールの目的を達成することができます。このため、FDルールの対象となる伝達行為は、限定されます。

【図9－5】　伝達の当事者

重要事実をだれが伝達するのか	＝法定の情報提供者（伝達の主体）
重要情報の伝達をだれが受けるのか	＝法定の取引関係者（伝達の受け手）

　まず、伝達の対象は、前述した重要情報に限定されています。伝達の主体は、金商法27条の36第1項が定める情報提供者に限定されています（後述(2)参照）。しかも、伝達が「その業務に関して」行われることが必要です（後述(4)参照）。また、伝達の相手方も、「取引関係者」に限定されています（後述(3)）。

(2)　伝達の主体は、3つに分けられます

　情報提供者とは、①上場会社等（金融商品取引所に上場されている有価証券などの発行者）・投資法人である上場会社等の資産運用会社、②上記①の役員、③上記①の代理人、使用人その他の従業者に限定されています【図9－

6】(27条の36第1項)。

【図9−6】 伝達の主体:情報提供者

| ① 上場会社等(有価証券の発行者)・投資法人である上場会社等の資産運用会社
| ② 上記①の役員
| ③ 上記①の代理人、使用人その他の従業者

注意すべきは、情報提供者となる代理人、使用人その他の従業者(上記③)は、「取引関係者」に情報を伝達する職務を行う者に限定されていることです。つまり、会社の業務として行う広報活動などに従事する従業員等に限定されるのです。

(3) 重要情報の伝達を受ける取引関係者とは、有価証券の売買等に関与する蓋然性が高い者に限定されています

重要情報の伝達を受ける取引関係者とは、有価証券の売買等に関与する蓋然性が高い者に限定されています。つまり、①金融商品取引業者、登録金融機関、信用格付業者、投資法人等(これらの役員等も含まれます)、②当該上場会社等の投資者に対する広報に係る業務に関して重要情報の伝達を受け、当該重要情報に基づく投資判断に基づいて当該上場会社等の上場有価証券等に係る売買等を行う蓋然性の高い者です【図9−7】(27条の36第1項)。

【図9−7】 伝達の受け手:取引関係者

| ① 金融商品取引業者等やその役員等(例:証券会社のアナリスト)
| ② 上場会社等の投資者に対する広報に係る業務に関して重要情報の伝達を受け、当該重要情報に基づく投資判断に基づいてその上場会社等の上場有価証券等に係る売買等を行う蓋然性の高い者(例:適格機関投資家のみを対象としたIR説明会の出席していたファンドマネージャー)

上記①の金融商品取引業者、登録金融機関、信用格付業者、投資法人等の典型例は、証券会社のアナリストです。上記②の典型例は、適格機関投資家や特定の投資者のみを対象とした説明会の出席者があげられます（金商法第2章の6の規定による重要情報の公表に関する内閣府令7条）。

(4) 重要情報の伝達は、情報提供者の業務に関して行われている必要があります

FDルールは、上場会社等に重要情報の公表義務を課す制度です。上場会社等の業務と無関係に伝達された重要情報の公表を求めるは不適当です。そのため、公表の前提となる重要情報の伝達は、情報提供者の業務に関して行われた伝達に限定されています。たとえば、上場会社等の従業員の場合、IRに関する業務に関して行われた伝達に限られます（27条の36第1項カッコ書き(「取引関係者に情報を伝達する職務を行うこととされている者が行う伝達」)）。

また、情報提供者の業務に形式上該当しても、FDルールが適用されない場合もあります。それは、取引関係者が、法令または契約によって、①重要情報の守秘義務と②上場有価証券等の売買等の禁止義務を負う場合です（27条の36第1項ただし書）。たとえば、上場子会社が親会社に対して経営管理目的で重要情報を伝達した場合には、通常、親会社は、契約上、上記①と②の義務を負いますから、FDルールは適用されません。

(5) 意図して重要情報を伝達した場合には、当該伝達と同時に、当該重要情報を公表する必要があります

上場会社等もしくは上場投資法人等の資産運用会社またはこれらの役員等が、その業務に関して、取引関係者に、重要情報の伝達を行う場合には、当該上場会社等は、当該伝達と同時に、当該重要情報を公表する必要があります（27条の36第1項）。重要情報に対するアクセスについて、投資者間の公平性を図る趣旨です。

(6) 意図せず重要情報を伝達した場合には、すみやかに、当該重要情報を公表する必要があります

　意図せず重要情報を伝達した場合には、すみやかに、当該重要情報を公表する必要があります（27条の36第2項）。意図せず重要情報を伝達した場合とは、①伝達した情報が重要情報に該当することを知らなかった場合と②重要情報の伝達と同時にこれを公表することが困難な場合とがあります。

　伝達した情報が重要情報に該当することを知らなかった場合（上記①）とは、伝達した情報が重要情報に当たるという認識がなかった場合です。

　重要情報の伝達と同時にこれを公表することが困難な場合（上記②）とは、たとえば、上場会社等としては伝達する予定のなかった重要情報を、その役員等がたまたま話の流れで伝達してしまったような場合です。意図しなかった重要情報の伝達についても、すみやかな重要情報を公表する必要があります。

(7) 重要情報の「伝達」に該当しても、公表が不要な場合があります

(a) 取引関係者が守秘義務と売買等禁止義務を遵守する場合

　重要情報の「伝達」に該当した場合、原則として、FDルールが定める公表を行う必要があります。もっとも、重要情報の伝達を受けた取引関係者が、①法令または契約により、その重要情報を上場会社等が公表する前にこれを他に漏らさない義務（守秘義務）と②上場会社等の有価証券に係る売買等を行わない義務（売買等禁止義務）を負っている場合には、通常、義務に違反する行為（例：売買）をしないので、伝達された重要情報の公表が行われなかったとしても、市場の信頼が害されるおそれは少ないと考えられます。そこで、重要情報の「伝達」に該当しても、重要情報の伝達を受けた取引関係者が守秘義務と売買等禁止義務を負う場合には、上場会社等は、重要情報の公表を行う必要はありません（27条の36第1項ただし書）。

⒝ 取引関係者が守秘義務と売買等禁止義務に違反した場合

　上記のとおり重要情報の「伝達」に該当しても、重要情報の伝達を受けた取引関係者が守秘義務と売買等禁止義務を負う場合には、上場会社等は、重要情報の公表を行う必要はありません。

　しかし、重要情報の伝達を受けた取引関係者が守秘義務や売買等禁止義務に違反した場合にも、伝達された重要情報の公表が行われないとすれば、市場の信頼が害されるおそれがあります。そこで、上場会社等は、重要情報の伝達を受けた取引関係者が守秘義務や売買等禁止義務に違反した事実を知ったときには、すみやかに、当該重要情報を公表しなければなりません（27条の36第3項）。

　もっとも、重要情報が合併に関する情報のように、公表することによりその実施が困難になる情報については、公表が不要となります（27条の36第3項ただし書。金商法第2章の6の規定による重要情報の公表に関する内閣府令9条）。

4　FDルールが定める公表は、インサイダー取引規制の公表とは異なります

　FDルールが定める公表は、インサイダー取引規制の公表とは異なります。FDルールが定める公表は、①法定開示（EDINET）、②インサイダー取引規制における報道機関への公開を通じた公表（2以上の報道機関への重要情報の公開から12時間経過した場合）、③取引所での開示（TDnet）、④上場会社等のウエブサイトへの情報掲載（当該ウエブサイトに掲載された重要情報が集約されている場合であって、掲載した時から少なくとも1年以上投資者が無償でかつ容易に重要情報を閲覧することができるようにされているときに限ります）があります（27条の36第4項。金商法第2章の6の規定による重要情報の公表に関する内閣府令10条）。つまり、上場会社等は、自社のウエブサイトを公表のツールとして利用できる点が、インサイダー取引規制における公表とは大き

く異なる点です。重要情報の公表の利便性を考慮したものです。

5 FDルール違反の効果は、発行者である上場会社等に重要情報の公表を強制することにあります

　重要情報の公表義務を負うのは、上場会社等です（27条の36第1項）。この場合の上場会社等とは、金融商品取引所に上場されている有価証券などの発行者です。

　内閣総理大臣は、公表されるべき重要情報が公表されていないと認めるときは、上場会社等に対し、重要情報の公表その他の適切な措置をとるべき旨の指示をすることができます（27条の28第1項）。そして、内閣総理大臣は、指示を受けた上場会社等が、正当な理由がないのに公表などの措置をとらなかったときは、公表などの措置をとるべきことを命ずることができます（27条の38第2項）。つまり、上場会社等が重要情報の公表を怠った場合、上場会社等に重要情報を公表させることになります。

参考文献リスト

横畠裕介『逐条解説　インサイダー取引規制と罰則』（商事法務研究会、1989年）
内藤純一「新しい株式公開買付制度〔下〕」商事1223号36頁（1990年）
三國谷勝範編『インサイダー取引規制詳解』（資本市場研究会、1990年）
証券取引審議会公正取引特別部会報告「自己株式取得等の規制緩和に伴う証券取引制度の整備について（1994年2月7日）
三井秀範『課徴金制度と民事賠償責任―条解　証券取引法』（金融財政事情研究会, 2005年）
池田唯一ほか『逐条解説　2008年金融商品取引法改正』（商事法務、2008年）
証券取引等監視委員会事務局『金融商品取引法における課徴金事例集』（2010年6月）
神田秀樹＝黒沼悦郎＝松尾直彦編著『金融商品取引法コンメンタール4―不公正取引規制・課徴金・罰則』（商事法務、2011年）
金融庁「情報伝達・取引推奨規制に関するQ&A（金融商品取引法第167条の2関係）」（2013年9月12日）
齊藤将彦ほか「公募増資に関連したインサイダー取引事案等を踏まえた対応」商事2012号29頁（2013年）
服部秀一『〔新版〕インサイダー取引規制のすべて―平成元年～25年規制の実務手引』（金融財政事情研究会、2014年）
古澤和之ほか監修『逐条解説　2013年金融商品取引法改正』（商事法務、2014年）
川村正幸編『金融商品取引法〔第5版〕』（中央経済社、2014年）
近藤光男＝吉原和志＝黒沼悦郎『金融商品取引法入門〔第4版〕』（商事法務、2015年）
金融審議会 市場ワーキング・グループ「フェア・ディスクロージャー・ルール・タスクフォース報告～投資家への公平・適時な情報開示の確保のために～」（2016年12月7日）
新村出編『広辞苑〔第7版〕』（岩波書店、2018年）
金融庁総務企画局「金融商品取引法第27条の36の規定に関する留意事項について（フェア・ディスクロージャー・ルールガイドライン）」（2018年4月1日）

【著者紹介】

芳賀　良（はが　りょう）

横浜国立大学大学院国際社会科学研究院教授、岩田合同法律事務所客員弁護士。青山学院大学法学部卒業、青山学院大学大学院法学研究科博士前期課程修了、一橋大学大学院法学研究科博士課程単位取得。

理論と実務を架橋する視点から、商法・金融商品取引法の研究を行っている。主な著作として、川村正幸編『金融商品取引法（第5版）』（共著、中央経済社、2014）、芳賀良＝鈴木正人＝深沢篤嗣「（判例解説）インサイダー取引規制における『公表』概念」ビジネス法務15巻9号88～94頁（共著、中央経済社、2015）、「高頻度取引と緊急差止命令－金融商品取引法192条の射程－」横浜法学25巻3号37～73頁（単著、横浜法学会、2017）等がある。

田路　至弘（とうじ　よしひろ）

岩田合同法律事務所執行パートナー弁護士。東京大学法学部卒業後、㈱神戸製鋼所勤務。最高裁判所司法研修所修了（43期）。1991年岩田合同法律事務所入所。1997年パリ第2大学DSU修了。1997年から1998年までリチャード・バトラー法律事務所（パリ・ロンドン）にて執務。東京大学客員教授（現任）。

上場企業および中堅中小企業の法律顧問として会社法、契約、金融取引、損害賠償、個人情報保護、独占禁止法、税務、株主総会など、企業が日々直面する法的リスクについて、助言・指導を行うとともに、大型企業再編等のM＆A案件や大規模訴訟における企業側代理人として幅広く訴訟・仲裁等の紛争案件も手がけている。主著に、『わかりやすい電子記録債権法』（編著、商事法務、2007）、『法務担当者のためのもういちど学ぶ民法（契約編）』（商事法務、2009）、『法務担当者のための民事訴訟対応マニュアル〔第2版〕』（編著、商事法務、2014）、『新・株主総会物語』（編著、商事法務、2017）等がある。

インサイダー取引規制・
フェアディスクロージャールール入門

2019年2月4日　第1刷発行

著　者　芳　賀　　　良
　　　　田　路　至　弘
発行者　倉　田　　　勲

〒160-8520　東京都新宿区南元町19
発　行　所　一般社団法人 金融財政事情研究会
企画・制作・販売　株式会社きんざい
　　出　版　部　TEL 03(3355)2251　FAX 03(3357)7416
　　販売受付　TEL 03(3358)2891　FAX 03(3358)0037
　　URL https://www.kinzai.jp/

DTP・校正：株式会社友人社／印刷：奥村印刷株式会社

・本書の内容の一部あるいは全部を無断で複写・複製・転訳載すること、および磁気または光記録媒体、コンピュータネットワーク上等へ入力することは、法律で認められた場合を除き、著作者および出版社の権利の侵害となります。
・落丁・乱丁本はお取替えいたします。定価はカバーに表示してあります。

ISBN978-4-322-13091-1